Corona 2020 – Zerreißprobe für die Gesellschaft?

Persönliches Erleben und mediale Vermittlung einer multiplen Krise

Jens Wolling, Christoph Kuhlmann, Christina Schumann, Priscila Berger, Dorothee Arlt kommunikationswissenschaft interdisziplinär [kw.interdisziplinär]

Herausgegeben von Prof. Dr. Nicola Döring und Prof. Dr. Jens Wolling

Institut für Medien- und Kommunikationswissenschaft an der Technischen Universität Ilmenau

Band 8

Schlagworte:

Corona, Pandemie, Mediennutzung, Medienbewertung, Medienwahrnehmung, politische Einstellungen, Emotionen, Handeln, Medienkompetenz, Nutzungsmotive, Partizipation, Weltbezüge, Krisen, Verschwörungstheorien, Verdrossenheit, Vertrauen

Corona 2020 – Zerreißprobe für die Gesellschaft?

Persönliches Erleben und mediale Vermittlung einer multiplen Krise

Jens Wolling, Christoph Kuhlmann,
Christina Schumann, Priscila Berger,
Dorothee Arlt

Universitätsverlag Ilmenau
2021

Impressum

Bibliografische Information der Deutschen Nationalbibliothek

Die Deutsche Nationalbibliothek verzeichnet diese Publikation in der Deutschen Nationalbibliografie; detaillierte bibliografische Angaben sind im Internet über http://dnb.d-nb.de abrufbar.

Technische Universität Ilmenau/Universitätsbibliothek
Universitätsverlag Ilmenau
Postfach 10 05 65
98684 Ilmenau
https://www.tu-ilmenau.de/universitaetsverlag

ISSN 1865-3804
ISBN 978-3-86360-242-0 (Druckausgabe)
DOI 10.22032/dbt.48770
URN urn:nbn:de:gbv:ilm1-2021100016

Inhaltsverzeichnis

Vorwort und Einleitung

Entstehungszusammenhang

Die 65. Jahrestagung der Deutschen Gesellschaft für Publizistik- und Kommunikationswissenschaft fand vom 10. bis 12. März 2020 an der Ludwig-Maximilians-Universität [LMU] München statt. Die Autor:innen dieses Buches haben diese Tagung mehrheitlich besucht. Beim „Get Together" standen mehrere hundert Menschen dicht gedrängt und unterhielten sich. Man begrüßte sich per Ellenbogen, aber auf die Idee, eine Maske zu tragen oder Abstand zu halten, kam damals noch niemand. Die Tagung war eigentlich bis Donnerstagabend geplant, doch sie endete bereits am Mittag, nachdem die LMU die Sperrung aller Universitätsgebäude verkündet hatte. Spätestens zu diesem Zeitpunkt war das Corona-Virus in unser Leben getreten. Anders als bei Extremereignissen wie Reaktorkatastrophen, Tsunamis oder Terroranschlägen, die ohne Vorankündigung zuschlagen, hätten wir in diesem Fall die Gefahr auf uns zukommen sehen können. Tatsächlich waren wir aber überrascht, dass es diesmal ernst wurde. Zu oft wurde in den zurückliegenden Jahren schon die „virale Sau durchs mediale Dorf" getrieben! Erst allmählich wurde uns klar, dass die Berichterstattung über das Virus aus dem chinesischen Wuhan diesmal mehr war als der übliche Medienhype und dass Corona die gesellschaftliche und politische Kommunikation verändern würde.

Dass wir diese Veränderung der Kommunikation untersuchen wollten, stand dann aber schnell fest. Die Absicherung der Finanzierung der Studie konnte aus Haushaltsmitteln des Fachgebiets Empirische Medienforschung und politische Kommunikation der TU Ilmenau und Mitteln des Fördervereins Kommunikations- und Medienwissenschaft der Universität Bern erfolgen. Schwieriger war es hingegen, neue digitale Kommunikationswege für die gemeinsame Erarbeitung des Forschungsinstruments zu etablieren. Die Universitäten waren auf diese Situation nicht vorbereitet und wir mussten Wege finden, um uns im Team unter „Social Distancing"-Bedingungen austauschen zu können. Im Spannungsfeld zwischen datenschutzrechtlichen Anforderungen und leistungsfähigen verfügbaren Lösungen, die diese Anforderungen nicht erfüllen, haben wir uns über manche Bedenken hinweggesetzt und gemeinsam in vielen Videokonferenzen einen theoriebasierten Fragebogen erarbeitet. Dieser ging am 16. April 2020 nach mehreren Dutzend Pretests ins Feld.

Mit dem Anhalten der Krise entschlossen wir uns, die Befragung zu wiederholen und daraus eine Panelstudie zu entwickeln. Entsprechend folgten mit der Zeit drei weitere Wellen, und zwar im Mai, Juli und November 2020. Auch wenn die Corona-Pandemie zweifellos ein Gesundheitsthema ist, lag unserem Projekt von Anfang an die Idee zugrunde, dass wir es mit einer multiplen Krise zu tun haben, die neben der gesundheitlichen mindestens auch eine wirtschaftliche, soziale und politische Dimension hat. Gerade diese Konstellation macht die Krise zu einem höchst relevanten Gegenstand der politischen Kommunikationsforschung.

Intendierter Verwertungszusammenhang

Die gewählte Form dieses Buches ergibt sich aus der Zielsetzung der Veröffentlichung: Wir wollen der interessierten, breiteren Öffentlichkeit, den Medien sowie Fachkolleg:innen repräsentative Längsschnittdaten zu der Frage zur Verfügung stellen, wie sich Nutzung und Bewertung der Medien, die Wahrnehmung der gesundheitlichen, wirtschaftlichen, sozialen und politischen Teilkrisen, die öffentliche Meinung und vor allem auch die politische Einordung der Krisen durch die Bürgerinnen und Bürger im Verlauf des ersten Jahres der Pandemie in Deutschland entwickelt haben. Um die Darstellung kompakt und verständlich zu halten, haben wir in diesem Buch darauf verzichtet, tiefergehende statistische Analysen durchzuführen. Gleichzeitig haben wir uns aber gegen einen unkommentierten Tabellenband entschieden, der „nur" die nackten Zahlen präsentiert, deren Einordnung und Interpretation jedoch ganz den Leserinnen und Lesern überlässt. In diesem Buch steht die *zeitliche Entwicklung* im Mittelpunkt. Nur an einzelnen Stellen haben wir, eher beispielhaft als systematisch, einen etwas tiefergehenden Blick in die Daten geworfen und sie anhand soziodemographischer Variablen und verschiedener Indikatoren der Mediennutzung weiter aufgeschlüsselt.

Wir gehen davon aus, dass die Art und Weise, wie sich die Bürgerinnen und Bürger mit den Geschehnissen im Laufe des Jahres 2020 auseinandergesetzt haben, auch damit zusammenhängt, wie sich die Welt in dieser Zeit tatsächlich dargestellt und verändert hat. Deswegen kontextualisieren wir unsere Befunde durch eine Chronologie der Ereignisse, Statistiken zur Entwicklung der Pandemie, ökonomische und sozioökonomische Indikatoren sowie eine Analyse des Umfangs der Berichterstattung deutscher Medien über Corona. Auf diese Rahmenbedingungen nehmen wir bei der Einordnung und Interpretation der Daten immer wieder Bezug.

Neben den Autor:innen des Buches haben auch Mira Rochyadi-Reetz und Maija Ozola an der Konzeption des Forschungsprojekts intensiv mitgewirkt.

Die meisten Berechnungen für die Tabellen sowie deren Erstellung wurden mit viel Fleiß und großer Sorgfalt von Yolanda Melisa Conde Guevara realisiert. Die Auswertungen auf Basis der Datenbank LexisNexis führte Natalia Sultanova durch. Um die Erstellung der Grafiken hat sich Greer Kenisha Sedelia Cordner gekümmert. Wir danken allen Beteiligten herzlich für ihr Engagement.

1 Erforschung einer multiplen Krise

Die Corona-Pandemie des Jahres 2020 wurde verschiedentlich als die größte Herausforderung für die deutsche Gesellschaft seit dem zweiten Weltkrieg bezeichnet, auch die Rede von einer „Krise“ ist allgegenwärtig. Von einer Krise wird gesprochen, wenn aus latenten Risiken manifeste Probleme werden (Heath & O'Hair, 2010). Die zugrundeliegenden Risiken können sehr unterschiedlich sein, im Falle von Corona könnte man etwa an die prinzipielle Bedrohung durch Viren, aber auch an die unzureichende Vorbereitung des Gesundheitssystems oder die Abhängigkeit vieler Teile der menschlichen Gesellschaft von direkten Kontakten denken. Diese Risiken können bekannt oder weitgehend unbekannt sein, sie können latent vorhanden oder unmittelbar präsent sein. Von diesen Eigenschaften hängt es ab, wie Menschen auf solche Risiken reagieren und damit auch, ob und wie aus Risiken tatsächliche Krisen werden (Wolling, 2016). Krisen können sich auf unterschiedliche Ebenen (Personen, Organisationen, Gesellschaften) und auf unterschiedliche Bereiche (Gesundheit, Wirtschaft, Umwelt etc.) beziehen. Die Corona-Krise ist eine multiple Krise, denn sie ist eine Krise, die alle Ebenen betrifft und eine Vielzahl, wenn nicht sogar alle gesellschaftlichen Bereiche durchdringt. Damit haben wir es auch mit einer politischen Krise zu tun, denn nur Politik kann auf eine derart umfassende Krise reagieren.

Etwas als Krise zu bezeichnen ist zunächst ein Phänomen der Wahrnehmung und der Zuschreibung. Bestimmte Geschehnisse ereignen sich und Akteure mit bestimmten Interessen bezeichnen diese Geschehnisse oder deren Folgen als „Krise“. Dadurch, dass die Corona-Pandemie als politische Krise geframet wird, können die interessierten Akteure sicherstellen, dass die Gesellschaft und die Medien dem Thema erhöhte Aufmerksamkeit schenken, und dass kollektive Reaktionen initiiert werden, zum Beispiel die Bereitstellung von ausreichend Ressourcen, um der Krise zu begegnen (Schneider & Jordan, 2016).

Auch wenn ein Geschehen erst durch Kommunikation zu einer Krise wird, lassen sich trotzdem objektive Kennzeichen einer Krise nennen: Tatsächlich liegt eine Krise vor, wenn gesellschaftliche Teilsysteme ihre Funktion nicht mehr oder nicht mehr vollständig erfüllen können und dadurch evtl. sogar vom Zusammenbruch bedroht sind. Für den Erhalt der gesellschaftlichen Funktionen ist es in einer solchen Krise wichtig, dass die Bevölkerung besonnen bleibt, zivilisatorische Standards bewahrt und sich im Sinne der Kriseneindämmung verhält. In einer solchen Situation ist es die Aufgabe verantwortlich agierender Medien (und der in ihnen auftretenden Akteure) diese Ziele durch ihre Berichterstattung zu unterstützen. Während der multiplen Corona-Krise war die Rolle der Medien von Anfang an besonders wichtig, da die interpersonale

Kommunikation durch zahlreiche Maßnahmen stark eingeschränkt war. Deshalb ist die Untersuchung der Mediennutzung in dieser Zeit von besonderem Interesse.

Krisensymptome wurden im Laufe des Jahres für verschiedene gesellschaftliche Bereiche und Politikfelder beschrieben. Vier davon werden in dieser Arbeit aus der Perspektive der Bevölkerung näher betrachtet: das Gesundheitssystem, die Wirtschaft, die soziale Lage und das politische System.

Krise des Gesundheitssystems

Die Krise des Gesundheitssystems umfasst zwei Teilaspekte: Zum einen die hohe Anzahl von Todesfällen – vor allem in einigen besonders vulnerablen Bevölkerungsgruppen – und zum anderen die Überlastung medizinischer Einrichtungen und ihres Personals.

Durch die hohe Anzahl von Todesfällen wird das Grundrecht auf Leben bedroht und die Fähigkeit des Staates, dieses Grundrecht angemessen zu schützen, wird in Frage gestellt. Ob der Schutz des Lebens der wichtigste Aspekt ist, dem sich alles andere unterzuordnen hat, oder ob sogar der Schutz des Lebens gegenüber anderen Gütern und Rechten zurücktreten muss, wurde schon frühzeitig auch auf höchster politischer Ebene diskutiert[1].

Eng damit verbunden ist die Überlastung medizinischer Einrichtungen und ihres Personals. Die zeitweise exponentiell wachsenden Zahlen an Corona-Infizierten brachten schon während der ersten Infektionswelle die Intensivstationen in Italien, Frankreich, den USA und vielen anderen Ländern an ihre Kapazitätsgrenzen und darüber hinaus. Wenn durch Triage entschieden werden muss, wem Ärzte noch helfen und wem nicht mehr, wenn sich Särge hinter Krankenhäusern stapeln, weil eine Bestattung so schnell nicht mehr möglich ist, wenn Intensivpflegerinnen trotz einer aktiven Infektion weiterarbeiten müssen, weil es an Personal fehlt, dann ist es wohl objektiv nachvollziehbar von einer Krise zu sprechen.

Zur Eindämmung bzw. Verhinderung dieser originären Krise hat die Regierung im Laufe des Jahres verschiedene Maßnahmen bis hin zu landesweiten Lockdowns ergriffen, die teilweise tief in das gesellschaftliche Leben und sogar ins Privatleben jedes Einzelnen eingegriffen haben. Diese Maßnahmen hatten dann wiederum krisenhafte Folgen für ganz unterschiedlichen Bereiche des Lebens, angefangen mit der Wirtschaft

[1] Birnbaum, R., & Ismar, N. (2020, April 26). Bundestagspräsident zur Corona-Krise: Schäuble will dem Schutz des Lebens nicht alles unterordnen. *Der Tagesspiegel.* https://www.tagesspiegel.de/politik/bundestagspraesident-zur-corona-krise-schaeuble-will-dem-schutz-des-lebens-nicht-alles-unterordnen/25770466.html (zuletzt abgerufen am 17.04.2021)

über Bildung, Kultur, Sport, Religion bis hin zum politischen System selbst, welches die Maßnahmen eingeleitet hatte.

Krise des Wirtschaftssystems

Die Schließung ganzer Wirtschaftszweige während der Lockdown-Phasen ist eine existentielle Bedrohung von Unternehmen und Solo-Selbstständigen einerseits und Arbeitnehmern andererseits. Zur Abfederung dieser ökonomischen Konsequenzen und zur Stützung der Gesamtwirtschaft haben EU sowie Bundes- und Landesregierungen umfangreiche Finanzhilfen auf den Weg gebracht, die mit einer hohen Neuverschuldung einhergingen. Diese Entscheidungen sind mit erheblichen Risiken verbunden und mussten unter Unsicherheit hinsichtlich der Angemessenheit, der Wirksamkeit und möglicher unerwünschter mittel- und langfristiger ökonomischer Nebenwirkungen getroffen werden.

Insofern kann einerseits von einer manifesten Krise für zahlreiche Betriebe, Solo-Selbstständige etc. gesprochen werden. Zum anderen können die beschriebenen Risiken als latente Krise bezeichnet werden, denn wie sich die Entscheidungen mittel- und langfristig auf die gesamtwirtschaftliche Situation, die Zahl der Insolvenzen, die wirtschaftliche Entwicklung und die Staatsverschuldung auswirken werden, war nicht vorhersehbar und von daher Gegenstand wirtschaftspolitischer Debatten.

Soziale Krise

Die gesundheitliche und die ökonomische Krise hatten vor allem für sozial schwächere Gruppen der Gesellschaft Konsequenzen: Maßnahmen zum Infektionsschutz führten u. a. zur Schließung von Sozialeinrichtungen (z.B. Tafeln) und Schulen, wodurch einerseits Kinder ohne Zugang zu digitalen Medien während des Lockdowns schlechtere Bildungschancen hatten, andererseits wurden durch die notwendige heimische Kinderbetreuung Spannungen in Familien bis hin zur Gewalt potentiell verstärkt[2]. Beengte Wohnverhältnisse erhöhen das Infektionsrisiko vor allem in Gemeinschaftsunterkünften, erschweren aber auch Home-Schooling. Die ökonomische Folgekrise führte zu einem Anstieg der Arbeitslosigkeit, die ebenfalls die sozial Schwächeren besonders traf. Diese Gruppe übt zudem auch öfter Berufe aus, in denen Homeoffice kaum möglich ist, was wiederum die Kinderbetreuung erschwert und die Infektionsgefahren erhöht.

---

[2] Zur Diskussion siehe z.B. Gehmlich, P., & Menzel, B. (2020). Führt der Lockdown wirklich zu mehr häuslicher Gewalt? *MDR.* https://www.mdr.de/nachrichten/panorama/lockdown-haeusliche-gewalt-100.html (zuletzt abgerufen am 17.04.2021) oder Menkens, S. (2020). Im Lockdown mehr Gewalt gegen Kinder? *Welt.* https://www.welt.de/politik/deutschland/article214040332/Folgen-des-Coronavirus-Im-Lockdown-mehr-Gewalt-gegen-Kinder.html (zuletzt abgerufen am 17.04.2021)

Politische Krise

Auch hinsichtlich des politischen Systems lassen sich Beobachtungen machen, die als Krisenphänomene gedeutet werden können. Im Rahmen des ersten Lockdowns ging es dabei vor allem um die mit den Hygienemaßnahmen verbundenen Einschränkungen persönlicher Freiheitsrechte, wie etwa Beschränkungen der Versammlungsfreiheit, des Reisens oder der privaten Kontakte. Politisch relevant wurden diese Maßnahmen spätestens dann, als es einer lautstarken Gruppe von Akteuren gelang, gegen diese Maßnahmen politische Proteste zu organisieren, zu denen teilweise mehrere zehntausend Menschen mobilisiert wurden. Politisch brisant war dabei auch, dass diese Proteste auch von Protagonisten der extremen Rechten (mit)organisiert und für ihre politischen Zwecke genutzt wurden und mit dem „Sturm auf den Reichstag" symbolische Bilder produzierten[3].

Von manchen politischen Akteuren, vor allem aus den Parlamenten, wurde es als problematisch wahrgenommen, dass viele Entscheidungen in sogenannten Bund-Länderkonferenzen getroffen und auf dem Verordnungswege vollzogen wurden. Bei den Bund-Länderkonferenzen handelt es sich um Sitzungen von Mitgliedern der Bundesregierung und den Ministerpräsidenten der Bundesländer. Dies ist ein Gremium, das in der Verfassung nicht vorgesehen ist. In Verbindung mit den genannten Auswirkungen der Maßnahmen auf die persönlichen Freiheitsrechte wird diese „Umgehung" der Parlamente von einigen als verfassungswidrig bezeichnet, was für eine Krise des demokratischen Systems spräche[4].

Die genannten vier Krisen zeichneten sich bereits im März ab, als wir begannen unser Projekt zu planen. Darüber hinaus wurden diverse weitere gesellschaftliche Bereiche von den Auswirkungen der Pandemie erfasst und die jeweiligen Akteure in ihren Handlungsmöglichkeiten deutlich eingeschränkt. Dies betraf u.a. die Kultur, insbesondere die Bühnenkunst, Sport, Religion sowie die Bildung (hier besonders die Schulen). Prinzipiell lassen sich alle gesellschaftlichen Bereiche als gefährdet beschreiben, deren Funktionieren von unmittelbaren menschlichen Kontakten abhängt. Und weil Gesellschaft letztlich basal aus menschlichen Interaktionen besteht, kann davon gesprochen werden, dass die aktuelle Pandemie die Gesellschaft insgesamt massiv verunsichert und von daher eine gesamtgesellschaftliche Krise darstellt.

---

[3] Siehe z. B. o.A. (2020). "Das ist unerträglich": Politiker bestürzt über versuchte Stürmung des Reichstags. *Stern.* https://www.stern.de/politik/deutschland/reichstag-berlin--politiker-bestuerzt-ueber-versuchte-stuermung---unertraeglich--9395956.html (zuletzt abgerufen am 17.04.2021)

[4] Deutscher Bundestag. (2020). https://www.bundestag.de/dokumente/textarchiv/2020/kw45-de-parlamentsbeteiligung-corona-802478 (zuletzt abgerufen am 17.04.2021)

Ob und in welchen Bereichen dafür das Label „Krise“ angebracht ist (oder gar Krieg, wie es der französische Präsident Macron nannte), bleibt Gegenstand der politischen und gesellschaftlichen Diskussion. Wenn wir im Weiteren von Krise(n) sprechen, so soll damit keine objektive Diagnose gestellt, sondern nur der Begriff aufgegriffen werden, der die aktuelle Diskussionslage wohl am besten beschreibt.

1.1 Fragestellungen des Projekts

Ein auf die ganze Gesellschaft einwirkendes Ereignis bietet Sozialwissenschaftler:innen eine historisch seltene Gelegenheit ihren jeweiligen Untersuchungsgegenstand zu studieren. Wir interessieren uns besonders für die politische Kommunikation der Bürgerinnen und Bürger in der Krise und über die Krise. Als politische Kommunikation verstehen wir in diesem Zusammenhang Kommunikation, die sich auf die politische Willensbildung, den Entscheidungsprozess und die Implementation von kollektiv bindenden (also politischen) Entscheidungen bezieht. Dazu gehören nicht nur die Debatten über die Eignung und Performance gesellschaftlicher Strukturen und Institutionen, die in die Corona-Politiken involviert sind (polity), sowie Erörterungen der politischen Prozesse zur Bewältigung der Krisen (politics), sondern auch Diskussionen über die Maßnahmen in allen mit der Pandemie verknüpften Politikfeldern (policy).

Wir analysieren diese Kommunikation aus der *Perspektive der Bürger*. Wir untersuchen, wie sie sich über die multiple Krise informieren und welche Vorstellungen von den Teilkrisen bei ihnen auf diese Weise entstanden sind. Damit adressieren wir eine der zentralen Fragen der Kommunikationswissenschaft, die sich auf das Verhältnis von Medien und Realität bezieht und die Bedeutung der verschiedenen direkten und medial vermittelten Erfahrungen bei der Entstehung unserer Realitätsvorstellungen hinterfragt. Luhmann (1995, 5) argumentiert, dass die Medien hierbei von herausragender Bedeutung sind und behauptet geradezu apodiktisch: "Was wir über die Gesellschaft, ja über die Welt, in der wir leben, wissen, wissen wir durch die Massenmedien". Die media dependency theory von Ball-Rokeach und Defleur (1976) spezifiziert diese These, indem sie die Bedingungen konkretisiert, unter denen der Einfluss der Medien besonders groß ist. Demnach ist die Abhängigkeit der Rezipienten von den Medien dann besonders hoch, wenn die Medien in einer Gesellschaft wichtige Informationsfunktionen wahrnehmen und wenn sich große gesellschaftliche Veränderungen vollziehen. Beide Bedingungen treffen auf die Zeit der Corona-Pandemie in Deutschland zu, weshalb mit starken Medienwirkungen auf das Weltbild der Bürger zu rechnen ist.

Allerdings sind viele mit der Corona-Pandemie verbundene Geschehnisse für jeden einzelnen auch unmittelbar erfahrbar (z.B. die Einschränkungen im täglichen Leben).

Deswegen ist es ebenso plausibel anzunehmen, dass während der Corona-Zeit direkte und interpersonal vermittelte Erfahrungen das Weltbild der Menschen in einem größeren Ausmaß prägen als es sonst der Fall ist.

Da die Bürger:innen die Krisen sowohl direkt (z.B. durch die Kenntnis von Erkrankten im persönlichen Bekanntenkreis) als auch indirekt (z.B. durch medial vermittelte Informationen über Infektionsraten im In- und Ausland) erleben können, ist anzunehmen, dass die Vorstellungen der Menschen von den Krisen durch ein Zusammenspiel von direkten und indirekten Erfahrungen geprägt sind. Indirekte Erfahrungen könnten sich aus der Berichterstattung in den Massenmedien und der Kommunikation in den sozialen Medien ergeben. Durch diese Quellen erhalten die Menschen entweder kohärente, fragmentierte oder sogar widersprüchliche Informationen, was sich entsprechend auf ihre Vorstellungen von den Krisen auswirken kann. Für das wissenschaftliche Verständnis von politischer Kommunikation ist es von großer Bedeutung herauszufinden, wie sich das direkte Erleben von den interpersonal sowie medial vermittelten Erfahrungen unterscheidet und welche Auswirkungen dies auf die Vorstellungswelt der Bürgerinnen und Bürger hat.

Um die Vorstellungen der Bürger:innen von den Krisen angemessen zu erfassen, haben wir als Grundlage für unsere Forschung einen theoretischen Ansatz gewählt, der eine dichte und differenzierte Beschreibung des Umgangs der Bevölkerung mit den Krisen ermöglicht. In „Kommunikation als Weltbezug“ argumentiert Kuhlmann (2016, vgl. auch Kuhlmann, 2018), dass sich das gesamte menschliche Dasein als die Summe von Weltbezügen verstehen lässt. Wahrnehmungen, Emotionen, Meinungen, Vorstellungen, Handeln und Verhalten sind solche Weltbezüge. Auch Kommunikation ist eine Form des Weltbezugs, denn wer kommuniziert, teilt seine Weltbezüge (oder die Weltbezüge anderer Akteure) anderen Menschen mit und bezieht sich so indirekt auf die Welt. Aber nicht nur die Inhalte von Kommunikation lassen sich als Bezug auf die Welt beschreiben, sondern auch die Wirkungen von (Medien-)Kommunikation.

Da die multiple Corona-Krise Auswirkungen auf alle menschlichen Weltbezüge hat – von der Wahrnehmung über Emotionen und Einstellungen bis hin zu konkretem Handeln und Kommunikation – bietet der Weltbezugsansatz eine geeignete Grundlage für eine umfassende Beschreibung des Erlebens dieser multiplen Krise. Zudem erlaubt die Theorie auch die Weltbezüge in den verschiedenen Erfahrungswelten zu differenzieren: Es lassen sich insgesamt drei Ebenen der Wahrnehmung unterscheiden: Erstens erleben wir die Krise in unserem direkten sozialen Umfeld durch Infizierte und Erkrankte im Familien-, Bekannten- und Kollegenkreis, durch Einschränkungen am Wohnort, durch finanzielle Probleme in der eigenen Lebensführung oder im sozialen Umfeld. Wir nennen diese Ebene die *Nahwelt* des Krisenerlebens. Diese wird unterschieden von der *Fernwelt*, von der wir einerseits durch die eigene Wahrnehmung und durch interpersonale Kommunikation erfahren können – wobei dieser Zugang zumeist aber auf einen kleinen Bereich beschränkt ist. Darüber hinaus gibt es die *Medienwelt*, in der die Medien selbst Weltbezüge herstellen und vermitteln. Die Medienwelt kann sich (im Falle der Lokal und Regionalberichterstattung) auf die Nahwelt der Menschen beziehen, zumeist aber auf die Fernwelt und auf andere Medienwelten (z.B. die in anderen Ländern).

Wesentliches Erkenntnisinteresse dieser Untersuchung ist es herauszufinden, wie sich die unterschiedlichen Weltbezüge auf den verschiedenen Bezugsebenen in dieser komplexen Krise im Zeitverlauf entwickelten. Wie nehmen die Menschen die verschiedenen Welten wahr, wie beurteilen sie sie, wie handeln sie in ihnen? Darüber hinaus interessiert uns, ob die dokumentierten Ausprägungen der verschiedenen Weltbezüge mit den realweltlichen Entwicklungen zusammenhängen. Die Ergebnisse der Untersuchung können dazu beitragen besser zu verstehen, wie die Gesellschaft unter Stressbedingungen funktioniert und inwiefern Kommunikation in dieser Situation stabilisierend oder auch destabilisierend wirken kann.

Vor dem Hintergrund dieses grundsätzlichen Erkenntnisinteresses haben wir folgende Fragenkomplexe formuliert und bearbeitet:

A **Wie werden Medien in der Krise genutzt? Mit welcher Motivation werden sie rezipiert und mit welchen Schwierigkeiten sind die Nutzerinnen und Nutzer dabei konfrontiert?**

In diesem ersten Teil befassen wir uns mit etablierten Fragestellungen der Kommunikationswissenschaft: Wie hat sich der Umfang der Mediennutzung während der Krisen entwickelt? Mit welcher Motivation haben die Menschen die Medien genutzt und mit welchen Schwierigkeiten bei der Informationsbeschaffung und -bewertung sahen sich die Mediennutzer dabei konfrontiert?

Um die Mediennutzung der Menschen in Bezug auf Corona zu erfassen, stellten wir Fragen zur Entwicklung der generellen Nutzungsintensität der Medien (Kapitel 3.1) sowie zur Nutzung verschiedener Informationsquellen. Als Informationsquellen wurden sowohl traditionelle journalistische Informationsangebote (Kapitel 3.2) als auch nichtjournalistische Quellen, die primär über Onlinemedien zugänglich sind wie etwa das Robert Koch-Institut oder Webseiten von Corona-Leugnern berücksichtigt (Kapitel 3.3). Darüber hinaus haben wir auch ermittelt, welche Bedeutung Social Media Plattformen als Kommunikationsmittel während der Pandemie hatten (Kapitel 3.4).

Weiterhin beschäftigen wir uns mit den individuellen Mediennutzungsmotiven und mit den wahrgenommenen Schwierigkeiten der Bürger:innen bei der Informationsgewinnung (Kapitel 3.5). Aus der Literatur zum Uses-and-Gratifications-Approach ist bekannt, dass unterschiedliche Motive zu verschiedenen Mustern der Mediennutzung führen. In der Tradition des Uses-and-Gratifications-Approach (Katz et al., 1974; Sundar & Limperos, 2013) haben wir die Untersuchungsteilnehmer:innen gefragt, welche Gratifikationen sie von der Mediennutzung erwarten: In einer solchen komplexen Situation kann eine Vielzahl an Motiven eine Rolle spielen: angefangen mit dem Bedürfnis nach tagesaktueller Information zur Pandemieentwicklung über den Wunsch nach Verhaltenshinweisen für den Alltag bis hin zur Befriedigung emotionaler Bedürfnisse wie der Beruhigung von Sorgen und Ängsten oder dem Unterhaltungsmotiv in der Tristesse des Lockdowns. Durch die wiederholte Erhebung der Nutzungsmotive lässt sich zudem feststellen, wie stabil oder flexibel solche Gratifikations-Erwartungen tatsächlich sind.

Gerade im Zusammenhang mit komplexen wissenschaftlichen Themen – wie der Corona-Pandemie – stellt sich die Frage nach der Medienkompetenz der Bürger:innen. Die Kompetenz, relevante Beiträge zu finden sowie glaubwürdige Informationen aus diesen herauszufiltern und kritisch zu bewerten, ist notwendig, damit Menschen informierte Entscheidungen in ganz unterschiedlichen Bereichen wie Gesundheit, Arbeitsleben aber auch hinsichtlich der Politik treffen können (Hobbs, 2010). Deswegen haben wir – angelehnt an die vier Aspekte der Informationskompetenz (Carretero et al., 2017) – ebenfalls untersucht, wie die Menschen mit den Informationen zu Corona umgehen und inwiefern deren Bewältigung für sie eine Herausforderung darstellen.

B Wie wird die Krise erlebt und wie wird die Berichterstattung darüber bewertet?

Im zweiten Schwerpunkt geht es um die unterschiedlichen Weltbezüge in den drei Lebensbereichen Nahwelt, Fernwelt und Medienwelt.

Bevor Menschen politische Einstellungen zu den Geschehnissen bilden und Formen des politischen Umgangs damit herausbilden und später gegebenenfalls verändern, müssen sie die Ereignisse zunächst einmal als krisenhaft *wahrnehmen*. Um ihr *Erleben* der Krise zu erfassen, stellten wir den Menschen Fragen zu ihren sozioökonomischen Lebensbedingungen. Dazu gehören unter anderem Angaben zur Veränderung der wirtschaftlichen Lage, ob sie im Homeoffice arbeiten, oder ob es soziale Spannungen in ihrem Haushalt gibt (Kapitel 4.1). Des Weiteren fragten wir nach der Wahrnehmung der Ereignisse rund um das Corona-Virus in gesundheitlicher, wirtschaftlicher, sozialer und politischer Hinsicht und zwar sowohl in der Nahwelt (Kapitel 4.2) als auch in der Fernwelt (Kapitel 4.5).

Es ist plausibel anzunehmen, dass Menschen umso stärker mit Emotionen reagieren, je dramatischer sie die Krisen erleben und wahrnehmen. Bei einer Pandemie können vor allem die *Angst* vor Ansteckung, die *Sorge* um andere Menschen, der *Ärger* über das unangemessene Verhalten anderer, aber auch die *Hoffnung* auf ein Ende der Krise eine Rolle spielen. Je länger die Krise dauert, desto wahrscheinlicher ist es, dass auch Phänomene einer psychischen Krise wie ein „Koller" hinzukommen. Auch emotionale Reaktionen können sich einerseits auf die Nahwelt (Kapitel 4.3), andererseits aber auch auf die Fernwelt beziehen (Kapitel 4.6). Die Wahrnehmungen und emotionalen Reaktionen können sich wiederum auf Einstellungen und Handlungen auswirken. Die Handlungen, die sich auf die Nahwelt der Menschen beziehen, werden im Kapitel 4.4 erörtert. Den Einstellungen und Handlungen (insbesondere die politische Partizipation), die sich auf die Fernwelt beziehen, ist ein eigenes Kapitel (Kapitel 6) gewidmet, da sie für die politische Kommunikation, die in diesem Buch im Mittelpunkt steht, von besonderer Bedeutung sind.

Zwar basiert die Art und Weise, wie Menschen sich auf die Welt beziehen, oft auf direkten Erfahrungen, aber Weltbezüge können auch auf der Grundlage von Informationen entwickelt werden, die von den Medien bereitgestellt werden.

Um das Verhältnis von Medienrealität, unmittelbar erlebter Realität (Nahwelt) und attribuierter Realität in der Fernwelt detaillierter analysieren zu können, haben wir untersucht, wie der Umfang der Darstellung der vier Teilkrisen in den Medien wahrgenommen und bewertet wird. Das ist deswegen relevant, weil innerhalb der Berichterstattung über den gesamten Themenkomplex unterschiedliche Gewichtungen der verschiedenen Krisen denkbar sind (Kapitel 4.7). Schließlich wurde auch ermittelt, welche emotionalen Äußerungen die Menschen in den Medien beobachteten (Kapitel. 4.8).

Darüber hinaus untersuchten wir, wie die Bürger:innen die Berichterstattung zum Thema Corona beurteilen (Kapitel 4.9). Dabei wurden verschiedene Bewertungsaspekte berücksichtigt: Die Allgegenwart des Themas Corona führt zu der Frage, ob dadurch nicht andere Themen aus den Medien und damit aus dem öffentlichen Bewusstsein verdrängt werden (zur Themenkonkurrenz vgl. Brosius & Kepplinger, 1995; Geiß 2011). Da in einer pandemischen Krise das Vertrauen in die Berichterstattung der Medien von besonderer Bedeutung ist, haben wir darüber hinaus auch die wahrgenommene Glaubwürdigkeit und Seriosität der Berichterstattung über die Corona-Krise insgesamt abgefragt. Schließlich kann die mediale (und reale) Omnipräsenz des

Themas auch zu Verdrossenheit führen (vgl. Kuhlmann et al., 2014) die dann zu einer Abwendung und Vermeidung themenbezogener Informationen führen kann. Deshalb haben wir zum einen untersucht, ob die Befragten aktiv nach Informationen suchen oder sie bewusst vermeiden (Kapitel 3.1) und wir haben zudem erhoben, ob sich Themenverdrossenheit in der Bevölkerung ausgebreitet hat (Kapitel 4.9).

C **Welche politischen Meinungen bilden sich Menschen über das Krisenmanagement und über die Regierung und wie partizipieren sie politisch? Wie beurteilen die Menschen die deutsche Corona-Politik im internationalen Vergleich? Welche Konsequenzen sollen aus der Krise gezogen werden?**

Die Antworten auf den Fragenkomplex C werden in drei Kapiteln gegeben. Im ersten dieser drei Kapitel geht es um die Einstellungen und die politische Partizipation der Bürger:innen. Dieses Kapitel ist unterteilt in fünf Abschnitte.

Wie oben argumentiert, handelt es sich um eine multiple Krise, die verschiedene Politikfelder (u.a. Gesundheit, Wirtschaft und Soziales) involviert, die aber auch für die Strukturen des politischen Gemeinwesens (den Föderalismus, das Verhältnis von Legislative und Exekutive etc.) eine Herausforderung darstellt und die zudem etablierte Prozesse der Willensbildung, Entscheidung und der Implementation unter Druck setzt. Vor diesem Hintergrund schauen wir uns im ersten Unterkapitel an wie die Befragten die von der Politik zur Pandemiebewältigung eingeleiteten Maßnahmen zur Bewältigung der vier Teilkrisen bewerten (Kapitel 5.1). Anschließend zeigen wir, wie die Rezipienten die Berichterstattung darüber wahrnahmen (Kapitel 5.2)

Im dritten Unterkapitel geht es um die generelle Beurteilung der Regierungspolitik in der Pandemie. In dem Zusammenhang wird auch die Einschätzung der Leistungsfähigkeit des föderalen Systems der Bundesrepublik bei der Pandemiebekämpfung untersucht (Kapitel 5.3). Danach untersuchen wir die wahrgenommenen Auswirkungen der Krisen auf den gesellschaftlichen Zusammenhalt und die Rolle von Verschwörungstheorien während der Pandemie (Kapitel 5.4). Abschließend analysieren wir, wie die Bürger:innen in dieser Zeit politisch partizipierten und wie sie sich kommunikativ engagierten (Kapitel 5.5).

Das sechste Kapitel ist dem internationalen Vergleich gewidmet. Gerade in einer völlig unbekannten Situation ist es für Menschen schwierig angemessen einzuschätzen, wie gut der Umgang mit den Herausforderungen gelingt. Der Vergleich mit der Leistung anderer Akteure kann hier Orientierung bieten. Da praktische alle Länder der Welt von der pandemischen Bedrohung betroffen waren, haben die Medien die jeweilige Infektionslage, die gesellschaftliche Situation, die Politiken und die Erfolge und

Misserfolge der Länder verglichen. Vor diesem Hintergrund bot es sich an, auch die Teilnehmerinnen und Teilnehmer unserer Befragung einschätzen zu lassen, wie sie die deutschen Corona-Politik im Vergleich mit der Krisenbewältigung anderer Länder beurteilen. Auch dabei haben wir wiederum auf die vier von uns fokussierten Teilkrisen Bezug genommen (Kapitel 6).

Im siebten Hauptkapitel stellten wir uns die Frage, welche Lehren die Menschen aus der Krise für sich persönlich ziehen wollen, und was die Bürger meinen, welche Konsequenzen die Gesellschaft insgesamt aus den Krisen ziehen sollte (Kapitel 7).

Die nachfolgende Darstellung gibt einen Überblick über die drei wesentlichen Themenfelder des Projekts, die bereits zu Beginn der Untersuchung als relevant identifiziert worden waren. Einige spezifische Aspekte (wie beispielsweise die internationalen Vergleiche und die Zukunftserwartungen) sind erst zu einem späteren Zeitpunkt hinzugekommen. Durch die Integration solcher Aspekte, aber auch durch die Ergänzung einzelner Items haben wir auf aktuelle Entwicklungen und Debatten reagiert, die im Vorfeld der verschiedenen Befragungswellen geführt wurden.

Untersuchungsdimensionen des Projekts

Themenfelder		
A) Mediennutzung und Motivation	B) Erleben der Krise und Bewertung der Medien Berichterstattung	C) Politische Einstellungen zum Krisenmanagement und zur Regierung Reaktion von Politik und Gesellschaft
• Suche und Vermeidung des Themas • Informationsquellen: o Journalistisch Quellen o Nicht-journalistische Quellen o Social Media Plattformen • Informationsmotive • Subjektive Medienkompetenz	• *Nahwelt:* o Wahrnehmungen o Emotionen o Handeln • *Fernwelt:* o Wahrnehmungen o Emotionen • Handeln in der Nahwelt • kommunikative Partizipation • *Medienwelt:* Wahrnehmung... o Umfang Teilkrisen und Bewertung des Umfangs o Emotionen zu Corona in den Medien • Bewertung der medialen Berichterstattung	• Einstellungen zu den Corona-Maßnahmen • Wahrnehmung von Einstellungen zu den Maßnahmen in den Medien • Einstellungen zur Corona-Regierungspolitik • Einstellungen zum gesellschaftlichen Zusammenhalt und zu Verschwörungstheorien • Politische Partizipation • Vergleich mit anderen Ländern • Persönliche Konsequenzen und gesellschaftliche Ziele für die Zukunft

Im vorliegenden Band präsentieren wir ausschließlich deskriptive Befunde zu den vorgestellten Fragestellungen. Sie basieren auf den Auswertungen der vier Befragungswellen einer Online-Panelstudie, die im April, Mai, Juli und November 2020 durchgeführt wurde (zu den methodischen Details siehe Kapitel 2). Auswertungen zu (kausalen) Zusammenhängen zwischen den einzelnen Variablen(blöcken) erfolgen in separaten Veröffentlichungen. In diesem Buch geht es darum einen Überblick bereitzustellen, wie sich die politikrelevanten Weltbezüge der Menschen generell und insbesondere die politische Kommunikation der Bevölkerung im Jahr 2020 entwickelt haben.

Wir argumentieren, dass viele unserer Ergebnisse nur sinnvoll zu interpretieren sind, wenn man die aktuellen politischen Ereignisse und Entscheidungen, die mediale Berichterstattung über die Krisen, sowie die gesundheitliche, ökonomische und soziale Lage im jeweiligen Erhebungszeitraum berücksichtigt. Daher werden wir nachfolgend eine kurze Chronik der (politischen) Ereignisse sowie der Entwicklungen in den gesellschaftlichen Teilbereichen Gesundheit, Ökonomie und Soziales präsentieren (Kapitel 1.2). Anschließend stellen wir die Entwicklung der Berichterstattungsintensität über die hier fokussierten vier Teilkrisen vor (Kapitel 1.3).

1.2 Chronik des Geschehens

Das Vorhaben, die Entwicklung der Corona-Krise auf einigen Seiten grob zu skizzieren, erfordert es, aus den vielfältigen mit dem Thema verknüpften Aspekten eine Auswahl zu treffen. Der Fokus der nachfolgenden Darstellung liegt auf der Entwicklung in Deutschland; die Lage in anderen Ländern wird nur dann erwähnt, wenn sie für die Interpretation der Situation in Deutschland von Bedeutung ist.[5] Zudem fokussieren wir die Entwicklung in den vier Teilkrisen (gesundheitlich, ökonomisch, sozial, politisch), die im Mittelpunkt dieser Untersuchung stehen. Zur Veranschaulichung haben wir auch einige quantitative Indikatoren herangezogen, die verdeutlichen, wie sich die Situation in gesundheitlicher (Abbildung 2, 3), ökonomischer (Abbildung 4 und 6) und sozialer Hinsicht (Abbildung 5) entwickelt hat.

Der Abschnitt ist in fünf Teile gegliedert. In jedem Abschnitt wird eine Phase der Pandemie bis zum November 2020 beschrieben, in der das erste Jahr unseres

[5] Die Darstellung beruht auf folgenden Quellen: MDR Aktuell. Die Chronik der Corona-Krise. https://www.mdr.de/nachrichten/jahresrueckblick/corona-chronik-chronologie-coronavirus-102.html (zuletzt abgerufen am 04.06.2021). BR24. Alle Entwicklungen zur Corona-Krise im Rückblick. https://www.br.de/nachrichten/deutschland-welt/rueckblick-entwicklung-der-coronakrise (zuletzt abgerufen am 16.02.2021). ARD-Tagesschau. Chronik zum Corona-Krise. https://www.tagesschau.de/faktenfinder/hintergrund/corona-chronik-pandemie-101.html (zuletzt abgerufen am 16.02.2021).

Forschungsprojekts endete. Mit Ausnahme der ersten Phase wurde in jeder Phase eine Befragungswelle unserer Panel-Studie durchgeführt. Dies erlaubt es, die Antworten der Befragten vor dem Hintergrund der situativen Rahmenbedingungen der einzelnen Phasen zu interpretieren. Die in Abbildung 1 dargestellte letzte Phase (der zweite Lockdown) wird nicht mehr beschrieben, da der Untersuchungszeitraum Anfang November endet.

Abbildung 1: Die Phasen der Pandemie im Jahr 2020

Die erste Welle baut sich auf		Lockdown		Die Zeit der Lockerungen		Die Ruhe vor dem Sturm			Die zweite Welle baut sich auf		Lockdown
Januar	Februar	März	April	Mai	Juni	Juli	August	September	Oktober	November	Dezember
			Erste Befragung 16.4. – 20.4.	Zweite Befragung 19.5. – 25.5.		Dritte Befragung 21.7. – 28.7.				Vierte Befragung 3.11. – 10.11.	

Januar und Februar: Die erste Infektionswelle baut sich auf

Am 30. Januar rief die WHO wegen des Corona-Virus den internationalen Gesundheitsnotstand aus. Zu diesem Zeitpunkt war vor allem China von dem Ausbruch betroffen, über 20 weitere Länder meldeten aber bereits ebenfalls Infektionen. Die Bilder, die uns in der Folge aus China erreichten, zeigten menschenleere Straßen in Millionenmetropolen, und die Medien berichteten von wochenlangen, strikt überwachten Ausgangsverboten in weiten Teilen des Landes. Dass auch in Deutschland derartige Maßnahmen ergriffen werden könnten, war damals kaum vorstellbar. Die vereinzelten Infektionsfälle, die hierzulande auftraten, erschienen beherrschbar. Zu diesem Zeitpunkt war aus deutscher Perspektive eine Krise noch weit weg.

Das veränderte sich jedoch in der zweiten Februarhälfte mit dem massiven Corona-Ausbruch in Norditalien, in dessen Folge die ersten Städte in Europa abgeriegelt wurden. Doch selbst jetzt wurde die Situation von den meisten in Deutschland noch relativ entspannt betrachtet. Pläne, das öffentliche Leben in ähnlicher Weise einzuschränken, existierten nicht. Dass das Virus zu einer Krise führen könnte, die nicht nur den Gesundheitssektor betrifft, wurde kaum diskutiert. Nur vereinzelt wurde darauf hingewiesen, dass die globale Vernetzung von Lieferketten zu Störungen in Produktionsabläufen führen könnten.

Anfang März bis Mitte April: Der erste Lockdown

Doch bereits im März hatte sich die Lage vollkommen verändert: Am 13. März verkündeten fast alle Bundesländer die Schließung von Kitas und Schulen. Am 16. März schloss Deutschland die Grenzen zu seinen Nachbarländern und fuhr das öffentliche Leben weitestgehend herunter. Vielfach kam es zu Hamsterkäufen. In dieser Zeit wurde die hohe Dynamik der Ausbreitung des Virus immer deutlicher: Mit über 6.000 Neuinfektionen pro Tag in Deutschland erreichte die *gesundheitliche Krise* Ende März/Anfang April ihren vorläufigen Höchststand (Abbildung 2). Die Dramatik der Situation wurde dadurch unterstrichen, dass sich die Bundeskanzlerin am 18. März in einer Fernsehansprache direkt an die Bevölkerung wandte und die Größe der Herausforderung beschwor. Am 23. März trat dann ein bundesweites Kontaktverbot in Kraft, Deutschland befand sich im ersten Lockdown, der bis zum 19. April andauerte.

Die Pandemie und die eingeleiteten Gegenmaßnahmen hatten weitreichende Folgen für Wirtschaft, Sozialsystem und Politik: Durch die Schließung vieler Geschäfte und das Herunterfahren ganzer Branchen ging die *Wirtschafts*leistung zurück, die Exporte brachen deutlich ein und die Arbeitslosigkeit stieg (Abbildung 4 und 5).

Abbildung 2: Neuinfektionen[6]

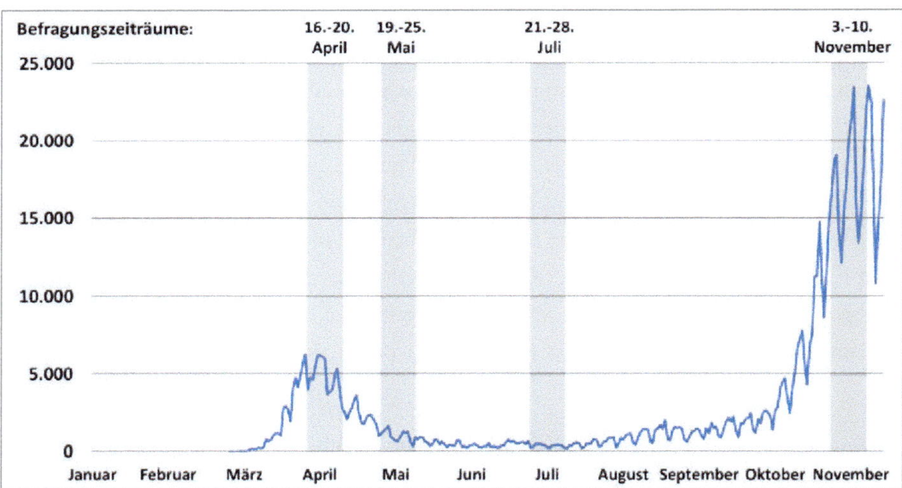

Der Lockdown hatte auch enorme *soziale Folgen*: Schul- und Kitaschließungen, Besuchsverbote in Alten- und Pflegeheimen, Ausgehverbote sowie Einkommensausfälle belasteten das soziale Leben in Deutschland generell, aber sie verschärften die Situation der sozial Schwächeren der Gesellschaft besonders stark. *Politisch* sahen sich die Bürgerinnen und Bürger mit Einschränkungen zahlreicher Grundrechte konfrontiert. Corona entpuppte sich als multiple Krise, die sowohl den

[6] Quelle: RKI (eigene Darstellung).

Einzelnen als auch die Gesellschaft insgesamt betraf und dabei gleichzeitig das Gesundheitssystem, die Wirtschaft, das Sozialleben und die Politik erschütterte.

Die *erste Befragung* (16. April - 20. April) wurde kurz nach dem Höhepunkt der ersten Infektionswelle durchgeführt (Abbildung 2). Sie fällt in die Endphase des ersten Lockdowns. Die Fallzahl der Neuerkrankungen war zu diesem Zeitpunkt im Vergleich zu den beiden Vorwochen zwar schon merklich gesunken (unter 4.000), die Anzahl der Todesfälle pro Tag war allerdings in diesem Zeitraum so hoch wie zu keinem anderen Zeitpunkt des gesamten Untersuchungszeitraums.

Ökonomisch und sozial war die Situation von Unsicherheit geprägt. Die Bundesregierung hatte zwar zeitgleich mit dem Inkrafttreten der Ausgangssperre ein Hilfspaket für die Wirtschaft im Umfang von 156 Milliarden Euro angekündigt. Wie dieses im Detail ausgestaltet werden würde, war aber noch völlig unklar.

Politisch wurde diskutiert, ob die Einschränkungen vieler Grundrechte durch das Primat des Grundrechts auf Leben zu rechtfertigen seien oder ob die Verhältnismäßigkeit beim Einsatz der Schutzmaßnahmen nicht gewahrt werde.

Abbildung 3: Verstorbene[7]

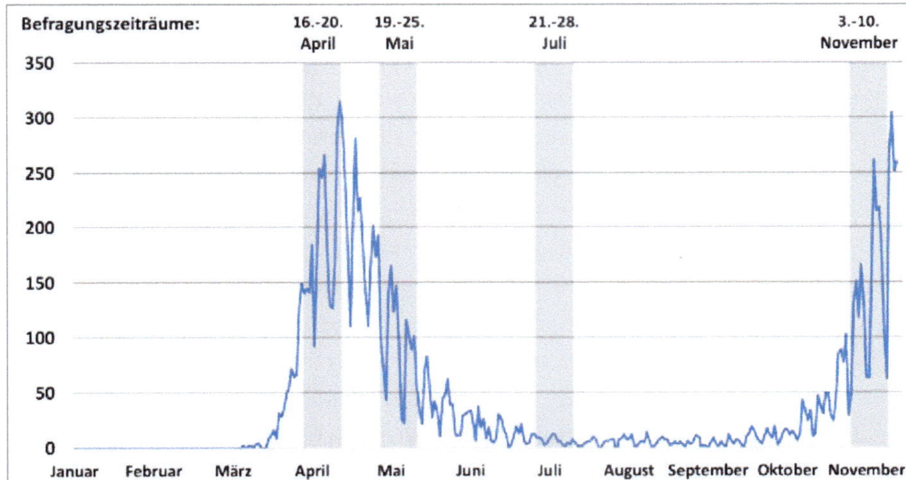

[7] Quelle: RKI (eigene Darstellung)

Ende April bis Ende Juni: Die Lockerungen

Der strikte Lockdown zeigte Wirkung: Die Anzahl der Neuinfektionen nahm kontinuierlich ab. In der Folge kam es am 20. April zu den ersten Lockerungen der Corona-Maßnahmen. Gleichzeitig führten aber mehrere Bundesländer eine Maskenpflicht bei Einkäufen sowie im öffentlichen Personenverkehr ein. Am 30. April wurden weitere Lockerungen eingeleitet. Kulturelle und kirchliche Einrichtungen konnten, wenn sie die Einhaltung entsprechender Hygieneregeln sicherstellten, den Betrieb wieder aufnehmen. Nach und nach wurden die Schulen wieder geöffnet. Wenig später beschlossen Ministerpräsidenten und Bundesregierung, dass sich nun auch wieder Menschen aus zwei Haushalten im öffentlichen Raum treffen durften und Bewohner von Pflegeheimen Besuch von einer festen Kontaktperson erhalten konnten. Mitte Mai beschloss die Bundesregierung die Grenzkontrollen zu den Nachbarländern wieder zu beenden.

In diese Phase der Lockerungen fällt die *zweite Befragung* (19. Mai - 25. Mai). Die Neuinfektionen waren mittlerweile auf einem sehr niedrigen Niveau. Die Zahl der täglich Verstorbenen sank kontinuierlich, war aber immer noch relativ hoch. Die Meldung, dass die Pharmaunternehmen Biontech und Pfizer Ende April mit dem Test eines Corona-Impfstoffs am Menschen begonnen hatten, nährte die Hoffnung, dass die Gesundheitskrise in absehbarer Zeit bewältigt werden könnte.

Obwohl im Mai bereits zahlreiche Einschränkungen des täglichen Lebens wieder aufgehoben wurden, konnte von einer Rückkehr zum normalen Leben noch keine Rede sein. Die Maskenpflicht in Geschäften und öffentlichen Verkehrsmitteln, deutlich eingeschränkte Teilnehmerzahlen bei kulturellen Veranstaltungen sowie strenge Hygieneauflagen und Reisewarnungen prägten weiterhin das Bild. Zeitgleich begannen Anfang Mai an mehreren Orten in Deutschland *Proteste und Demonstrationen* gegen die weiterhin bestehenden Beschränkungen und Regelungen zur Eindämmung des Virus. Teilweise wurde der Protest von rechten Gruppierungen organisiert. Bei den Veranstaltungen wurden die Hygieneregeln und Auflagen regelmäßig missachtet, vereinzelt kam es zu Krawallen. Am 9. Mai protestierten in mehreren deutschen Städten tausende Menschen gegen die Kontaktbeschränkungen und Hygieneauflagen. In den Reihen der Kritiker kursierten unterschiedliche Verschwörungstheorien über die Herkunft des Virus und die Verantwortlichen sowie über totalitäre Interessen, die hinter den Maßnahmen steckten.

Um den *ökonomischen Einbruch* und die damit verbundenen möglichen *sozialen Verwerfungen* abzudämpfen, beschloss Deutschland, wie auch viele andere Länder und die EU insgesamt, Hilfspakete in Milliardenhöhe. Am 23. April vereinbart die EU Hilfen im Umfang von bis zu 540 Milliarden Euro und Mitte Mai regen Frankreich und Deutschland an, ein Wiederaufbauprogramm der EU einzurichten, um die Folgen der Pandemie zu bekämpfen. Allein die Ankündigung dieser Maßnahmen wirkte sich positiv auf die Wirtschaft aus. Verschiedene wirtschaftliche und soziale Indikatoren (Abbildung 4, 5 und 6) verdeutlichen, dass es gelang, den im April zu verzeichnenden starken Abwärtstrend abzufangen. Anfang Juni brachte die Bundesregierung dann ein Konjunkturpaket mit einem Volumen von rund 130 Milliarden Euro auf den Weg und bereits im selben Monat war bei den hier betrachteten Wirtschaftsindikatoren wieder ein Aufwärtstrend zu verzeichnen.

Abbildung 4: Importe und Exporte (in Mrd. Euro)[8]

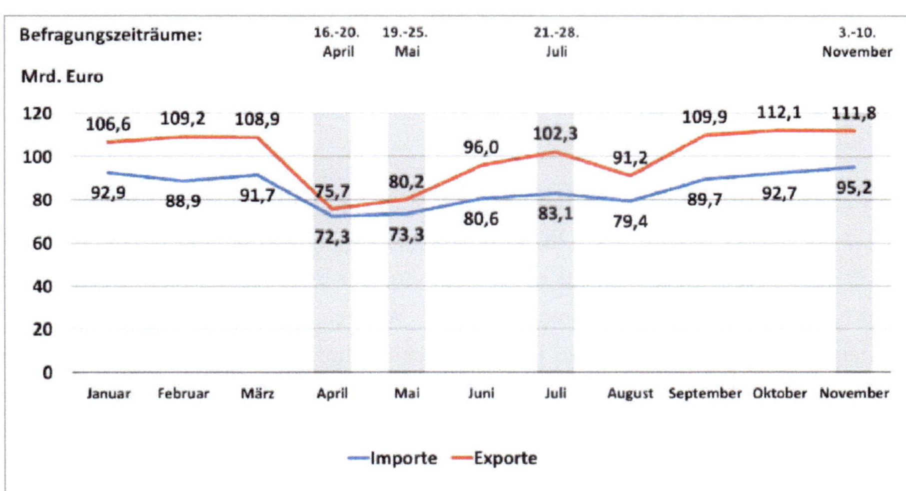

Zudem wurden im Mai verschiedene Maßnahmen (u.a. Ausweitungen des Kurzarbeiter- und Arbeitslosengelds) zur Abmilderung der Pandemiefolgen von Bundestag und Bundesrat beschlossen. Tatsächlich war nur ein relativ geringer Anstieg der Arbeitslosigkeit zu verzeichnen, was auch auf die massive Nutzung der Kurzarbeiter-Regelungen zurückzuführen ist. Im April war die Anzahl der Personen in Kurzarbeit sprunghaft angestiegen, von da an ging die Zahl der Beschäftigten, die Kurzarbeitergeld bezogen, aber kontinuierlich zurück, ohne dass gleichzeitig die Arbeitslosigkeit merklich anstieg. Erst im November mit dem Beginn des zweiten Lockdowns war ein erneuter Anstieg der Kurzarbeit zu verzeichnen (Abbildung 5).

---

[8] Quellen: Statistisches Bundesamt. Konjunkturindikatoren. Importe.
https://www.destatis.de/DE/Themen/Wirtschaft/Konjunkturindikatoren/Aussenhandel/kah611.html
Statistisches Bundesamt. Konjunkturindikatoren. Exporte.
https://www.destatis.de/DE/Themen/Wirtschaft/Konjunkturindikatoren/Aussenhandel/kah612.html
(beide zuletzt abgerufen am 16.02.2021) (eigene Darstellung).

Abbildung 5: Arbeitslosenquote und Kurzarbeit (Beschäftigtenäquivalent)[9]

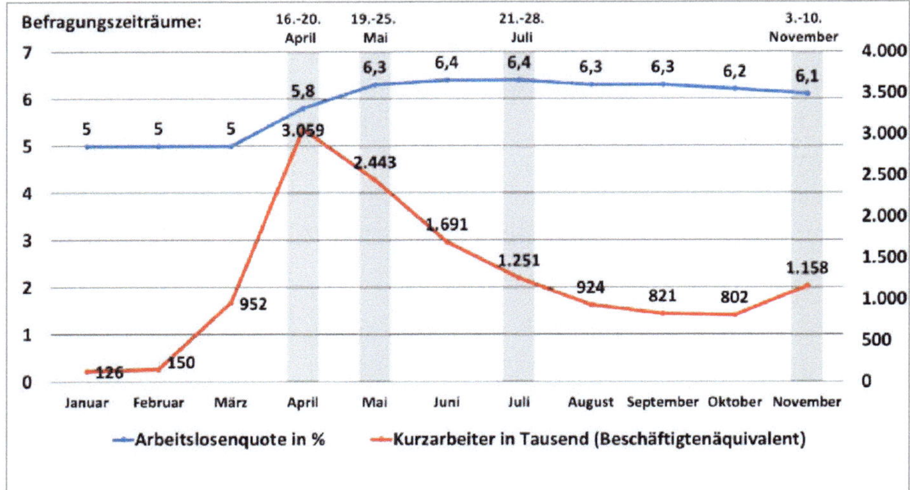

Juli - August - September: Die Ruhe vor dem Sturm

Die *dritte Befragung* (21. Juli - 28. Juli) fand am Anfang des Sommers statt. Die Zahl der täglichen Neuinfektionen war zu diesem Zeitpunkt seit ungefähr zwei Monaten auf niedrigem Niveau. Zudem waren in diesen Wochen nur wenige Verstorbene zu beklagen. Nur lokale Ausbrüche in einem Schlachthof Ende Juni sowie vereinzelte Hotspots in einigen weiteren Landwirtschaftsbetrieben oder Stadtteilen führten im Juli zu lokalen Lockdowns. Mit der Corona-Warn-App stand zudem seit dem 16. Juni ein weiteres Instrument im Kampf gegen die unkontrollierte Ausbreitung des Virus zur Verfügung. Darüber hinaus wurde Ende Juli von der WHO bekanntgegeben, dass weltweit bereits fünf Impfstoffe in größeren Studien getestet werden. Insgesamt konnten diese Nachrichten den Menschen in Deutschland den Eindruck vermitteln, dass sich die Lage entspannt.

Während sich in anderen Teilen der Welt (insbesondere auf dem amerikanischen Kontinent) das Virus rasant verbreitete, schien in Deutschland die gesundheitliche Lage insgesamt wieder weitgehend unter Kontrolle zu sein. Die Ferienzeit stand bevor und viele Menschen planten ihren Urlaub. Anders als in zurückliegenden Jahren war Deutschland das bevorzugte Urlaubsgebiet. Dennoch wollten viele Menschen auch nicht auf die Reise ins Ausland verzichten. Um den Tourismus vor allem in die

---

[9] Quelle: Bundesagentur für Arbeit. Arbeitsmarkt in Deutschland. Januar 2021 Deutschland. https://statistik.arbeitsagentur.de/SiteGlobals/Forms/Suche/Einzelheftsuche_Formular.html?nn=627730&topic_f=analyse-d-arbeitsmarkt (zuletzt abgerufen am 16.02.2021) (eigene Darstellung).

Mittelmeerländer zu erleichtern, wurde am 24. Juli die Entscheidung getroffen, kostenlose Test für heimkehrende Flugreisende einzuführen. Dieser Versuch der „Normalisierung“ endete aber schon nach relativer kurzer Zeit, als sich herausstellte, dass unter den Urlaubsrückkehrern besonders viele Neuinfizierte waren und sich die Infektionszahlen in Spanien, Frankreich und Kroatien wieder deutlich erhöhten. Im Vergleich zu den vorhergehenden Wochen stiegen nun auch die Fallzahlen in Deutschland langsam an und erreichten am 7. August erstmals wieder die Zahl von 1.000 Neuinfektionen pro Tag. Ab Mitte August sprach das Auswärtige Amt nach und nach Reisewarnungen für immer mehr Urlaubsdestinationen aus.

Zur ökonomischen und sozialen Abfederung der Pandemie wurden die angekündigten Rettungspakete konkretisiert und Maßnahmen eingeleitet oder verlängert. Am 21. Juli einigten sich die Staats- und Regierungschefs der EU auf ein 750 Milliarden Euro schweres Konjunktur- und Investitionsprogramm zur Abmilderung der Folgen der Pandemie. Gleichzeitig entspannte sich die wirtschaftliche Lage zusehends. Importe und Exporte stiegen, die Zahl der Kurzarbeiter sank weiter und die Börsenkurse zogen wieder an (Abbildung 5 und 6).

Abbildung 6: Entwicklung der Börse (DAX)[10]

Während sich die ökonomische Krise zu entspannen schien, spitzten sich die *politischen* Konflikte zu. Auch im August kam es zu Demonstrationen gegen die offizielle Corona-Politik, initiiert von Personen, die sich als „Querdenker“ bezeichnen und die Gefährlichkeit der Pandemie leugnen. Am 1. August protestierten etwa 20.000 und am 29. August sogar fast 40.000 Menschen in Berlin gegen die Corona-Politik der

[10] Quelle: https://www.boerse.de/historische-kurse/DAX/DE0008469008 (eigene Darstellung)

Bundesregierung. Dabei hat eine Gruppe von Rechtsradikalen und sogenannten Reichsbürgern sogar einen „Sturm“ auf den Reichstag probiert und auf den Treppen des Parlaments Reichskriegsflaggen geschwenkt.

Der September ist geprägt von widersprüchlichen Entwicklungen. Einerseits gab es in einigen Bereichen weitere Lockerungen. So wurden beispielsweise ab 15. September größere Teilnehmerzahlen bei Veranstaltungen testweise wieder zugelassen, vorausgesetzt, dass nur 20 Prozent der Sitzplätze genutzt werden. Anderseits stiegen die Fallzahlen wieder. Am 18. September überschreitet München als erste deutsche Millionenstadt die kritische Marke von 50 Corona-Neuinfektionen je 100.000 Einwohnern binnen sieben Tagen. Wenige Tage später verkündete die bayrische Landesregierung Maskenpflicht auf öffentlichen Plätzen, Alkoholverbot im öffentlichen Raum, vorgezogene Sperrstunden und eine Reduktion der erlaubten Teilnehmerzahl bei privaten Feiern.

Oktober und November: Die zweite Welle

Während die dritte Befragungswelle im Hochsommer zu einem Zeitpunkt stattfand, an dem sich die Infektionssituation deutlich entspannt hatte, bot sich zum Zeitpunkt der *vierten Befragungswelle* (4. November - 10. November) ein völlig anderes Bild. Noch im Spätsommer war die Zahl der täglichen Neuinfektionen nur ganz allmählich gestiegen. Mit Beginn des Herbstes beschleunigte sich der Anstieg jedoch deutlich und übertraf bereits Mitte Oktober die höchsten Werte des Aprils. Zum Zeitpunkt der Datenerhebung im November erreichte die Zahl der Neuinfektionen mit über 23.000 pro Tag einen Höchststand. Auch die Zahl der Todesfälle pro Tag war zu diesem Zeitpunkt schon wieder deutlich gestiegen, hatte aber noch nicht die Höchstwerte der ersten Welle erreicht. Aufgrund der hohen Anzahl von Neuinfektionen war es aber absehbar, dass sich auch die Zahl der Todesopfer früher oder später deutlich erhöhen würde.

Auf die schnell anwachsenden Fallzahlen reagierten Bund und Länder am 14. Oktober mit neuen gemeinsamen Regeln zur Eindämmung des Virus. In Regionen mit steigenden Corona-Zahlen (ab 50 Neuinfektionen je 100.000 Einwohner) sollten die Teilnehmerzahlen bei privaten Feiern deutlich begrenzt werden und zudem sollte eine Sperrstunde ab 23 Uhr verhängt werden. Insgesamt gelang es den politischen Akteuren jedoch nicht, eine einheitliche Linie in der Bekämpfung des Virus durchzusetzen. Während Bayern die vereinbarten Regeln noch verschärfte, wurde das sogenannte „Beherbergungsverbot von Personen aus Risikogebieten“ von Gerichten in Niedersachsen und Baden-Württemberg und wenige Tage später auch in Schleswig-Holstein gekippt. Seit dem 19. Oktober galten im Berchtesgadener Land als erstem Landkreis in Deutschland wieder sehr strenge Ausgangs- und Kontaktbeschränkungen und am 23. Oktober wird auch Dresden zum Risikogebiet erklärt. Am 28. Oktober beschließen Bund und Länder einen "Teil-Lockdown", bei dem die Anzahl sozialer Kontakte auf zwei Haushalte begrenzt wurde. Die Kultur-, Gastronomie- und Tourismusbranche mussten im gesamten Monat November schließen. Schulen, Kitas und Einzelhandel arbeiteten hingegen weiter. Unmittelbar nach der Beschlussfassung kündigten wiederum einige Bundesländer an, von dieser Vereinbarung in die eine oder andere Richtung abweichen zu wollen.

Am 2. November wurde in ganz Deutschland das öffentliche Leben erneut weitestgehend heruntergefahren. Kultur- und Freizeiteinrichtungen sowie Restaurants und Hotels mussten zunächst bis Ende November schließen. Auch für persönliche Treffen galten strengere Regeln. In einigen Regionen wurden die Coronavirus-Tests knapp. Trotz der verschärften Kontaktbeschränkungen stiegen jedoch die Corona-Zahlen. Am 10. November lagen bereits mehr als 3.000 Covid-19-Patienten auf den Intensivstationen – mehr als im Frühjahr. Diese Entwicklung war nicht nur in Deutschland, sondern in weiten Teilen Europas zu verzeichnen: Tschechien, Österreich, Schweden und Frankreich verzeichneten neue Höchstwerte an Infizierten und Todesfällen.

Während sich die Pandemie derart verschärfte, wuchs die Hoffnung, dass in absehbarer Zeit Impfstoffe gegen das Virus zur Verfügung stehen werden. Vor diesem Hintergrund einigten sich die Gesundheitsminister von Bund und Ländern am 7. November auf eine gemeinsame Impfstrategie. Am 9. November verkündeten die Pharma-Unternehmen Biontech und Pfizer, dass ihr mRNA-Impfstoff zu über 90 Prozent wirksam sei, und bereits am 10. November beauftragte die EU-Kommission bei den Firmen die Lieferung des Impfstoffs.

Um die *ökonomischen* und *sozialen* Folgen der erneuten verschärften Einschränkungen abzufedern, verkündete das Bundesfinanzministerium am 3. November die Bereitstellung von bis zu zehn Milliarden Euro Überbrückungshilfen für Unternehmen, Selbstständige und Studierende.

Auch die steigenden Infektionszahlen und Todesfälle führten nicht dazu, dass die *politischen Proteste* gegen die Maßnahmen zur Eindämmung der Corona-Pandemie nachlassen. Am 10. November – dem letzten Tag unserer vierten Befragungswelle – demonstrierten in Leipzig mehrere zehntausend Menschen. Dabei kam es zu gewalttätigen Auseinandersetzungen zwischen Demonstranten, Gegendemonstranten und Polizei.

1.3 Entwicklung der Berichterstattung über die Teilkrisen

Für die Interpretation der Befragungsergebnisse zur Mediennutzung, -wahrnehmung, und -bewertung ist es zudem wichtig zu wissen, wie sich die Berichterstattung im Untersuchungszeitraum entwickelt hat. Um einen Eindruck von der Dynamik der Medienaufmerksamkeit zu gewinnen, wurden mehrere Abfragen zur Medienberichterstattung über die Datenbank LexisNexis[11] realisiert. Zum einen wurde untersucht, wie sich der Umfang der Berichterstattung zum Thema Corona/Covid generell entwickelt hat und zum anderen, welche Trends sich bezüglich der thematischen Teilkrisen erkennen lassen.[12] Grundlage der Analyse bildeten in Deutschland erscheinende, über die Datenbank verfügbare Tageszeitungen sowie verschiedene andere deutschsprachige Onlinemedien, die sich an ein deutschsprachiges Publikum wenden.[13] In Abbildung 7 wurden die Daten jeweils für eine Woche (Montag bis Sonntag) aggregiert.

[11] LexisNexis ist eine kommerzielle Online-Datenbank, die den Zugriff auf lokale, regionale, nationale und internationale (Online-)Zeitungen ermöglicht. Nicht enthalten in der Datenbank sind jedoch die Süddeutsche Zeitung und die Frankfurter Allgemeine Zeitung.

[12] Die verwendeten Suchbegriffe für die vier Teilkrisen sind folgende: **Gesundheitskrise**: „covid" and/or "corona" **and** "gesund*" and/or “Triage” and/or “Hygiene” and/or “infizier*” and/or “infektion” and/or “Ärzte” and/or “krank*” and/or “Impf*” and/or “Bestatt*” and/or “Beatmung*” and/or “Intensivs*” and/or “Pflege*” and/or “Tote” and/or “todes*” **Politische Krise**: „covid" and/or "corona" **and** "Demokratie" and/or “Grundrecht” and/or “Protest” and/or “Freiraum” and/or “einschränk*” and/or “verschwörung” and/or “radikal” and/or “Parlament” and/or “Diktatur” and/or “Querdenk*” and/or “Föderalismus” and/or “Demonstra” and/or “Verbot*” **Wirtschaftskrise**: "covid" and/or "corona" **and** "Wirtschaft" and/or “Finanz” and/or “Schulden” and/or “Konsum” and/or “Insolven*” and/or “Hilfe” and/or “Einkommen” and/or “*verschuldung” and/or “Staatshaushalt” and/or “Arbeitsmarkt” and/or “Kurzarbeit” and/or „Arbeitsamt” and/or “soloselbständig*” and/or „Börse“ and/or „Verdienstausf*” **Soziale Krise**: „covid" and/or "corona" **and** "sozial" and/or “versorg” and/or “Kita” and/or “Schule” and/or “isolation” and/or “Gemeinschaft” and/or “spaltung” and/or “Niedriglohn” and/or “Niedriglöhne” and/or “systemrelevant” and/or “arbeitslos” and/or “Kinderbetreuung” and/or “Kindergart” and/or “benachteilig” and/or “Ungleichheit” and/or “Zusammenleben”

[13] Die folgenden Print- und Onlinemedien wurden untersucht: **Tageszeitungen:** Aachener Zeitung, Aachener Nachrichten, Allgemeine Zeitung, Bergische Morgenpost, BILD Regionalausgaben, Bürstädter Zeitung, Darmstädter Echo, Der Tagesspiegel, Die Welt, General-Anzeiger, Groß-Gerauer Echo, Idsteiner Zeitung, Kölnische Rundschau, Kölner Stadt-Anzeiger, Lampertheimer Zeitung, Main-Spitze, Mitteldeutsche Zeitung, Nordwest-Zeitung, Odenwälder Echo, Passauer Neue Presse (Stadt und Landkreis Passau), Rheinische Post, Stuttgarter Nachrichten, Stuttgarter Zeitung, Wiesbadener Kurier. **Onlinemedien:** AutoBild.de, bento, Bilanz.de, BILD.de, Börse online, Business Insider Germany, EuroNews - Deutsche Version, finanzen.net, Horizont.net, LZ.net, manager magazin online, manager magazine premium, pcwelt.de, Rheinische Post Online, Spiegel Online, SPIEGEL Plus, WELT ONLINE, ZEIT-online. Bei den Tageszeitungen wurden aufgrund einer Voreinstellung der Datenbank in jedem Zeitabschnitt immer nur die 20 Tageszeitungen einbezogen, bei denen die meisten Veröffentlichungen ermittelt worden waren.

Abbildung 7: Die Berichterstattung über Corona und die vier Teilkrisen[14]

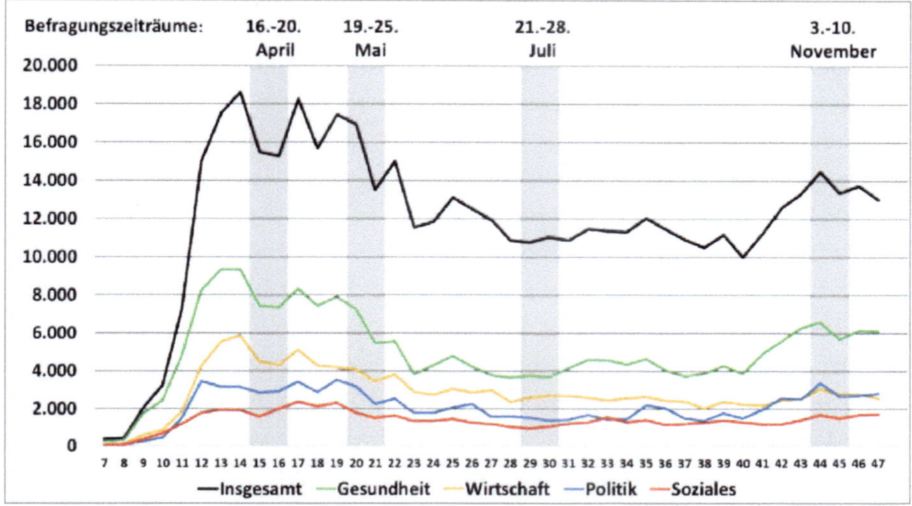

Der Umfang der gesamten Berichterstattung über das Corona-Virus weist einen ähnlichen Verlauf auf wie der Umfang der Berichterstattung über die Einzelkrisen. Vor allem die Entwicklung der Berichterstattung über die Gesundheitsaspekte ist mit dem Verlauf der Gesamtberichterstattung nahezu identisch (natürlich auf niedrigerem Niveau). Die Anzahl der Beiträge über die anderen Teilkrisen war wesentlich geringer und die Veränderungen im Zeitverlauf waren entsprechend weniger markant. Vor allem bei der sozialen Krise waren kaum Ausschläge zu verzeichnen. Soziale Aspekte wurden zwar kontinuierlich, aber vergleichsweise selten thematisiert.

Mit Beginn der Pandemie in Deutschland Mitte März stieg die Zahl der veröffentlichten Medienbeiträge sprunghaft an und befand sich im Vorfeld und während der ersten Datenerhebungsphase im April auf sehr hohem Niveau. Bereits zum Zeitpunkt der zweiten Befragungswelle im Mai war die Anzahl der Beiträge niedriger und sank weiter bis zur dritten Befragungswelle im Juli. Im Vorfeld und innerhalb des vierten Befragungszeitraums im November war der Umfang der Berichterstattung wieder gestiegen und erreichte in etwa den Wert, der im Kontext der zweiten Befragungswelle zu verzeichnen war. Die Intensität der Berichterstattung weist somit ein ähnliches Muster auf wie der Pandemieverlauf selbst. Nach einem steilen Anstieg und einer kurzen Hochphase im Frühjahr verringerten sich die Häufigkeiten und verharrten während des Sommers auf niedrigerem, aber immer noch sehr hohem Niveau. Erst im Herbst nahmen parallel zur steigenden Zahl der Infizierten auch die Medienbeiträge zum Thema wieder

[14] Quelle: Datenbank Nexis (eigene Auswertung).

zu. Allerdings erreichte die Berichterstattung nicht wieder die Intensität der Anfangsphase.

Über die vier Teilkrisen wurde in unterschiedlicher Intensität berichtet. Am häufigsten war die Gesundheitskrise Thema, dann folgte die Wirtschaft, an dritter Stelle kamen Aspekte der politischen Krise. Die soziale Krise war am seltensten Gegenstand der Berichterstattung. Diese Abstufung war mit zwei Ausnahmen im ganzen Untersuchungszeitraum so zu beobachten: Ganz zu Beginn der Pandemie, Ende Februar und Anfang März, wurde fast ausschließlich über Gesundheitsaspekte berichtet. Die andere drei Themen waren noch nicht relevant und die Anzahl der Beiträge zu diesen drei Aspekten war nahezu identisch. Erst ab Mitte März war eine Abstufung bezüglich der Relevanz der anderen drei Teilkrisen erkennbar. Diese blieb bis Mitte Oktober relativ konstant. Dann stieg jedoch die Anzahl der Beiträge, die die politische Krise thematisierten, an und erreichte in etwa das gleiche Niveau wie die Berichterstattung über die ökonomischen Krisenaspekte. Der Anstieg der Berichterstattungsintensität im Herbst ist fast ausschließlich auf Beiträge über die Gesundheitskrise und über die Krise des politischen Systems zurückzuführen, während die Anzahl der Medienbeiträge über Wirtschaft und Soziales nur wenig zulegten.

2 Panelbefragung als Datenerhebungsmethode

Die empirische Grundlage für die Beantwortung der in Kapitel 1.1 formulierten Fragestellungen sind Daten einer quantitativen Panelbefragung mit vier Wellen, die durch das Online-Access-Panel der respondi AG (zertifiziert nach Global ISO 26362) realisiert wurde (vgl. Tabelle 1)[15].

Tabelle 1: Entwicklung der Stichprobenausschöpfung

	Erste Welle	Zweite Welle	Dritte Welle	Vierte Welle
Zeitraum der Befragung	16.-20. April	19.-25. Mai	21.-28. Juli	4.-10. November
Kalenderwoche	16./17. KW	21. KW	30. KW	45./46 KW
Anzahl Befragte	n=1458	n=1233	n=1014	n=822
Ausschöpfung (Basis 1. Welle)	100 %	85 %	70 %	56 %
Ausschöpfung (Basis jeweils vorhergehende Welle)		85 %	82 %	81 %

Die erste Welle der quotierten Befragung war bevölkerungsrepräsentativ für die deutschsprachigen Onliner über 18 Jahre in Bezug auf die Merkmale Alter, Geschlecht und Bildung. Die Daten der nachfolgenden Wellen, in denen nicht nachgezogen wurde, sondern ausschließlich die Teilnehmenden der vorherigen Welle nochmals kontaktiert wurden, mussten gewichtet werden, um dieses Ziel zu erreichen. Mehr dazu in Kapitel 2.2.

2.1 Vorteile und Nachteile der Methode

Der Vorteil einer Panelbefragung besteht darin, dass mit Hilfe der Paneldaten nicht nur Veränderungen von Wahrnehmungen, Einstellungen, Emotionen, Handlungsweisen etc. im Bevölkerungsaggregat gemessen werden können, sondern dass auch auf Individualebene festgestellt werden kann, bei welchen Personen diese Veränderungen aufgetreten sind. Damit eröffnet eine Panelstudie die Möglichkeit, die Ursachen der Veränderungen zu erforschen. Die Nutzung dieser Möglichkeit bleibt jedoch zukünftigen Publikationen vorbehalten. Im Rahmen dieser Publikation werden keine wellenübergreifenden Auswertungen durchgeführt, stattdessen liegt der Fokus auf den *Trends im Antwortverhalten*, die sich im Verlaufe der Pandemie zeigten.

Der Nachteil einer Panelbefragung besteht darin, dass die Stichprobe von Befragungswelle zu Befragungswelle kleiner wird. Dieser Prozess wird als

[15] Eine Synopse der bisher in den verschiedenen Befragungswellen verwendeten Fragebogenvarianten ist einsehbar unter: https://doi.org/10.22032/dbt.48840

"Panelmortalität" bezeichnet. Panelmortalität bedeutet nicht, dass die Befragten tatsächlich verstorben sind, sondern dass sie nicht wieder an einer späteren Welle teilgenommen haben. Hierfür gibt es unterschiedliche Gründe: Manche Befragte haben keine Zeit oder kein Interesse an nachfolgenden Befragungswellen teilzunehmen, während andere vielleicht teilnehmen würden, aber nicht mehr erreicht werden können. Im vorliegenden Fall kann es beispielsweise daran liegen, dass die Befragten nicht mehr Teil des kommerziellen Access-Panels sind, dass sie erkrankt oder tatsächlich verstorben sind.

In dieser Untersuchung verringerte sich die Zahl der Befragten von Welle zu Welle um jeweils ca. 15 Prozentpunkte (Tabelle 1). Damit war die Panelmortalität insgesamt erfreulich gering und selbst in der letzten Befragung haben noch 56 Prozent des Ausgangspanels teilgenommen.

2.2 Gewichtung der Daten

Häufig ist es so, dass sich nicht nur die Zahl der Befragten verringert, sondern sich damit auch die soziale Zusammensetzung der Teilnehmenden verändert, weil bestimmte Personengruppen aus den oben genannten Gründen schwieriger zu erreichen sind. Dies war auch in dieser Panelbefragung der Fall. Vor allem hinsichtlich des Alters ergaben sich Verschiebungen. Der Anteil der älteren Befragten wurde von Welle zu Welle größer, während sich der Anteil der jüngeren Befragten verringerte (siehe „ungewichtete Daten" auf der linken Seite in Tabelle 2). Recht deutliche Verschiebungen zeigten sich auch hinsichtlich der Bildung. Der Anteil der Befragten mit einfacher Bildung wurde größer, weil die Anzahl von Teilnehmenden mit höherer Bildung von Welle zu Welle sank. Hinsichtlich der Geschlechterzusammensetzung sowie bei den beiden grundlegenden politischen Indikatoren (politisches Interesse und politische Orientierung) waren nur leichte Veränderungen im Zeitverlauf zu beobachten.

Zusammenfassend bedeutet dies, dass vor allem jüngere Befragte und höher Gebildete zu einem geringeren Anteil an den nachfolgenden Befragungen teilnahmen. Im Gegensatz dazu waren systematische Ausfälle hinsichtlich des Geschlechts und der politischen Indikatoren nur in geringem Umfang festzustellen. Weil jedoch zu vermuten ist, dass gerade das Alter in Bezug auf Wahrnehmungen, Einstellungen, Emotionen und Handlungsweisen im Kontext der Corona-Pandemie von Bedeutung ist, haben wir uns entschlossen, die zweite, dritte und vierte Welle jeweils so zu gewichten, dass die Altersverteilung der ersten Welle auch in den nachfolgenden Wellen erreicht wird.

Durch die Gewichtung mit der Altersvariable haben sich auch die Verteilungen der anderen hier betrachteten Variablen den ursprünglichen Verteilungen aus der ersten

Welle angenähert (siehe „gewichtete Daten“ auf der rechten Seite in Tabelle 2). Der Anteil der beiden Geschlechter, der verschiedenen Bildungsgruppen und auch die der Gruppen mit unterschiedlichem politischen Interesse und divergierender politischer Orientierung war nach der Gewichtung nun in allen Wellen sehr ähnlich. Durch die Gewichtung wurden insgesamt die Repräsentativität und somit die Vergleichbarkeit der Daten aus den verschiedenen Wellen sichergestellt.

Tabelle 2: Ungewichtete und gewichtete Daten aufgeschlüsselt nach Soziodemographie und politischen Merkmalen

	Ungewichtete Daten				**Gewichtete Daten[1]**		
	Erste Welle	**Zweite Welle**	**Dritte Welle**	**Vierte Welle**	**Zweite Welle**	**Dritte Welle**	**Vierte Welle**
	n=1458	**n=1233**	**n=1014**	**n=822**	**n=1233**	**n=1014**	**n=822**
Geschlecht							
Männer	49,5	50,6	50,5	51,3	50,1	49,2	49,1
Frauen	50,5	49,4	49,5	48,7	49,9	50,8	50,9
Alter							
18 bis 29 Jahre	19,0	15,6	12,4	9,0	19,0	19,0	19,0
30 bis 39 Jahre	16,3	15,1	12,7	10,5	16,3	16,3	16,3
40 bis 49 Jahre	16,7	16,6	16,8	16,8	16,7	16,7	16,7
50 bis 59 Jahre	20,9	22,7	23,8	24,5	20,9	20,9	20,9
60+ Jahre	27,2	30	34,3	39,2	27,2	27,2	27,2
Formale Bildung[2]							
einfach	32,2	34,3	35,5	38,4	32,7	31,6	32,3
mittel	32,2	33	34,4	34,8	31,8	32,2	31,3
hoch	35,6	32,7	30,1	26,8	35,4	36,2	36,4
Politisches Interesse[3]							
gering	20,0	19,8	18,8	18,5	19,9	19,4	19,7
mittel	36,6	36,1	35,9	34,4	35,9	36,5	34,5
hoch	43,4	44,1	45,3	47,1	43,8	44,1	45,8
Politische Orientierung[3]							
links	36,8	36,2	36,3	34,3	36,8	37,5	34,7
Mitte	39,5	40,7	40,2	42,1	40,4	39,2	41,8
rechts	23,8	23,1	23,5	23,6	22,8	23,3	23,5

Anmerkung: [1]Gewichtung anhand der Altersverteilung der ersten Welle; [2]*Formale Bildung:* „Was ist Ihr bisher höchster allgemeinbildender Schulabschluss? einfach = „Kein Schulabschluss“ und „Haupt- oder Volksschulabschluss/POS 8./9. Klasse“; mittel = „Realschulabschluss/Mittlere Reife/POS 10. Klasse oder gleichwertiger Abschluss“ hoch = „Abitur oder (Fach-) Hochschulreife/FOS“ und „Abgeschlossenes Studium (Universität, Hochschule, Fachhochschule)“; [3]*Politisches Interesse:* „Ganz generell: Wie stark interessieren Sie sich für Politik?“ gering = 1 (gar kein) und 2 (eher geringes); mittel = 3 (mittleres); hoch = 4 (eher starkes) und 5 (sehr starkes); [4]*Politische Orientierung:* „Wie würden Sie Ihre eigene politische Einstellung einstufen, wenn 1 „sehr links“ bedeutet und 7 „sehr rechts“?“ links = 1 bis 3; Mitte = 4; rechts = 5 bis 7

Die Ergebnisse zeigen, dass die fünf Altersgruppen in etwa gleich groß sind. Nur die Gruppe der über 60jährigen ist größer. Insgesamt entspricht die Altersstruktur weitgehend der Altersstruktur der Bevölkerung in Deutschland (vgl. statistisches

Bundesamt), wobei allerdings der Anteil der über 60jährigen geringer ist, was damit zusammenhängt, dass unter den Onlinern die älteren Kohorten in geringerer Stärke vertreten sind.

Hinsichtlich der Bildung zeigt sich, dass die Gruppe der Befragten mit höherem Schulabschluss am größten und die Gruppe mit einfachem Abschluss am kleinsten ist. Das entspricht strukturell der Verteilung, wie sie in anderen Bevölkerungsbefragungen ebenfalls ermittelt wird (z.B. ALLBUS). Allerdings zeigt sich, dass in dieser Erhebung der Anteil der höher Gebildeten im Verglich sogar etwas geringer und der Anteil der formal einfach Gebildeten etwas höher ausgefallen ist.

Auch die beiden politischen Indikatoren zeigen, dass die Befragung keine auffälligen Verzerrungen aufweist: Der Anteil der Befragten mit starkem politischen Interesse ist groß. Über 40 Prozent der Untersuchungsteilnehmer bekunden starkes oder sogar sehr starkes politisches Interesse und nur rund 20 Prozent geringes oder gar kein Interesse. Auch diese Verteilung ähnelt den Ergebnissen, wie sie in anderen repräsentativen Befragungen erzielt werden. Diese Beobachtung gilt auch für die politische Orientierung. Wie in anderen repräsentativen Befragungen ordnen sich die meisten Befragten in die politische Mitte ein (ca. 40 %), der Anteil derjenigen, die sich rechts von der politischen Mitte einordnen, ist mit knapp 25 Prozent deutlich geringer als derjenigen, die sich links von der Mitte verorten (in etwa 35 %).

Nicht nur hinsichtlich der zuvor dargestellten soziodemographischen Merkmale und der grundlegenden politischen Einstellungen bildet die Stichprobe die Vielfalt der Gesellschaft in Deutschland ab, sondern auch hinsichtlich anderer Merkmale erweist sie sich als Spiegel der Lebensverhältnisse. So stammt ein knappes Drittel der Befragten aus ländlichen Regionen (29,4 %) und ungefähr ebenso viele leben in einer Großstadt (30,9 %), die meisten kommen hingegen aus kleinen oder mittelgroßen Städten (39,7 %). Betrachtet man die Haushaltsgröße, dann zeigt sich, dass die meisten Befragten in Zweipersonenhaushalten (41,3 %) leben, gefolgt von denen, die allein wohnen (27,4 %). Dreipersonenhaushalte (15,2 %) und Vierpersonenhaushalte folgen auf den nächsten Plätzen. Personen, die in Haushalten mit mehr als 4 Personen wohnen, bilden die Ausnahme (4,4 %).

3 Mediennutzung: Informationsquellen und Motivation

Um die Mediennutzung der Menschen im Untersuchungszeitraum zu untersuchen, wurden die Befragungsteilnehmenden zuerst gebeten anzugeben, ob sie aktiv nach Informationen zum Thema Corona suchen, oder ob sie bewusst solche Informationen vermeiden. Neben diesen generellen Aussagen zur Informationsorientierung wurde auch ermittelt, wie häufig sie in den vier Wochen vor der jeweiligen Befragung Informationen über Corona aus verschiedenen journalistischen Medien und sonstigen Informationsquellen erhalten haben.

3.1 Generelles Informationsverhalten

Die Analyse der Berichterstattung (Kapitel 1.3) hat verdeutlicht, dass das Thema Corona das ganze Jahr über in den Medien sehr präsent war. Vor dem Hintergrund kann es kaum überraschen, dass viele Menschen (zwischen 30 und 41 Prozent) sich von den vorhandenen Push-Angeboten zufriedenstellend informiert fühlten und nicht noch zusätzlich aktiv nach Informationen zum Thema suchten. Generell ist die Tendenz zu erkennen, dass die aktive Suche im Mai und im Juli abnimmt und im November wieder ansteigt. Sowohl zu Beginn der Pandemie als auch im November – als sich die zweite Infektionswelle aufbaute – war somit eine intensivere Suche nach Informationen festzustellen (Tabelle 3).

Tabelle 3: Generelles Informationsverhalten

Alles in allem, wie würden Sie Ihren Umgang mit Informationen zu Corona beschreiben?		**16.-20. April**	**19.-25. Mai**	**21.-28. Juli**	**4.-10. November**
Ich suche aktiv nach Informationen zum Thema.	% Ablehnung	30,6	38,6	40,9	37,8
	% teils/teils	32,0	32,5	36,7	31,7
	% Zustimmung	37,4	28,9	22,4	30,5
	M (Skala: 1-5)	3.08	2.82	2.69	2.87
	n =	1443	1223	1005	815
Ich vermeide Informationen zum Thema zunehmend.	% Ablehnung	55,4	46,8	48,3	55,1
	% teils/teils	26,6	29,8	30,6	25,9
	% Zustimmung	18,0	23,5	21,1	19,0
	M (Skala: 1-5)	2.38	2.63	2.59	2.44
	n =	1441	1224	1003	812

Anmerkung: *Ablehnung (1 = stimme gar nicht zu/ 2 = stimme eher nicht zu); Zustimmung (4 = stimme eher zu/ 5 = stimme völlig zu)*

Auch wenn viele Menschen nicht aktiv nach Informationen suchten, so waren es auf der anderen Seite auch nur wenige, die Informationen zur Pandemie aktiv vermieden. Nur 18 Prozent der befragten Personen gaben im April an, Informationen zum Thema Corona zu vermeiden. Im Mai stieg dieser Anteil etwas auf 23,5 Prozent. Aber schon im Juli sank der Anteil wieder auf rund 21 Prozent und im November dann weiter auf 19 Prozent. Anders als bei der aktiven Informationssuche zeigte sich bezüglich der Vermeidung im November keine Tendenzwende, die aktive Vermeidung war weiter rückläufig.

3.2 Nutzung journalistischer Medien

Unter den journalistischen Informationsangeboten (Tabelle 4) waren Fernsehsender in allen vier Wellen die Hauptinformationsquelle. Vor allem zeigen die Daten die hohe Bedeutung des öffentlich-rechtlichen Rundfunks: Im April gaben mehr als die Hälfte der Befragten an, täglich Informationen zu Corona von öffentlich-rechtlichen Fernsehsendern erhalten zu haben. An zweiter Stelle folgten die privaten Anbieter: Immerhin ein Drittel der Befragten erklärte, täglich Informationen zum Thema von privaten Fernsehsendern zu nutzen.

Der Anteil derjenigen, die täglich öffentlich-rechtliche Fernsehsender zum Thema Corona nutzen, hat sich im Mai auf gut 43 Prozent und im Juli auf 37 Prozent verringert. Auch bei den privaten Fernsehsendern ging der Anteil der Vielnutzer:innen zunächst auf 27 Prozent und dann auf rund 21 Prozent zurück. Trotzdem blieben die Programme des dualen Fernsehsystems im Mai und Juli die meistgenutzten Informationsquellen. Dieser Vorsprung blieb auch in der November-Befragung erhalten. Zudem stiegen die Anteile der Personen, die täglich Informationen zu Corona von öffentlich-rechtlichen (45 %) bzw. von privaten (28,4 %) Fernsehsendern beziehen, wieder leicht an.

Ähnliche Muster finden sich auch bei fast allen anderen Informationsquellen (eine Ausnahme bilden nur die informationsorientierten Radioprogramme). Im ersten Untersuchungszeitraum ist die tägliche Nutzung des jeweiligen Mediums am höchsten, dann sinkt der Anteil derjenigen, die das Medium täglich nutzen in den beiden folgenden Erhebungen. In der vierten Befragungswelle ist dann wieder ein Anstieg zu verzeichnen. Es liegt nahe, dieses Muster vor dem Hintergrund der quantitativen Entwicklung der Berichterstattung und des jeweiligen Pandemiegeschehens zu interpretieren. Die erhöhte Berichterstattung ist sicherlich eine Reaktion auf die erhöhten Infektionszahlen. Und der Anstieg der Berichterstattung und der Infektionszahlen wiederum führt zu einer erhöhten Informationsnutzung zum Thema.

Tabelle 4: Häufigkeit der Nutzung von journalistischen Medien als Informationsquellen zum Thema Corona

		16.-20. April	19.-25. Mai	21.-28. Juli	4.-10. November
Öffentlich-rechtliche Fernsehsender wie ARD, ZDF und ihre Onlineangebote	% täglich	52,6	43,4	37,0	45,0
	% seltener	33,0	37,9	41,5	33,7
	% nie	14,3	18,8	21,5	21,2
	n =	1408	1187	959	792
Private Fernsehsender wie RTL oder SAT.1 und ihre Onlineangebote	% täglich	33,0	27,0	21,2	28,4
	% seltener	39,1	43,6	45,5	39,2
	% nie	27,9	29,4	33,3	32,3
	n =	1405	1185	956	788
Lokale und regionale Zeitungen und ihre Onlineangebote	% täglich	28,3	23,7	19,7	23,4
	% seltener	40,0	43,3	41,9	41,3
	% nie	31,7	33,0	38,4	35,2
	n =	1394	1185	961	782
Musikbetonte Radiosender und ihre Onlineangebote	% täglich	28,8	23,0	17,6	23,0
	% seltener	38,6	40,6	45,1	39,6
	% nie	32,6	36,4	37,4	37,4
	n =	1362	1165	928	764
Überregionale Zeitungen und Nachrichtenmagazine sowie ihre Onlineangebote	% täglich	16,9	12,9	10,9	11,3
	% seltener	35,5	37,2	34,5	35,8
	% nie	47,6	49,8	54,6	52,9
	n =	1369	1165	942	782
Informationsbetonte Radioprogramme (wie Deutschlandfunk, Infosender) und ihre Onlineangebote	% täglich	13,4	8,9	7,6	7,3
	% seltener	26,9	26,5	26,5	22,6
	% nie	59,7	64,6	65,9	70,1
	n =	1332	1149	931	768
Boulevardzeitungen wie BILD und ihre Onlineangebote	% täglich	11,0	8,3	5,9	6,7
	% seltener	20,2	20,3	19,4	17,4
	% nie	68,7	71,4	74,7	75,9
	n =	1368	1173	958	777

Anmerkung: *täglich (5=täglich/4=mehrmals täglich); seltener (3=mehrmals pro Woche/2=etwa einmal pro Woche/ 1=seltener als einmal pro Woche); nie = 0*

Abbildung 8 zeigt die tägliche Nutzung der Informationsquellen für den jeweiligen Zeitraum der Datenerhebungen. Demnach folgen nach Fernsehsendern lokale und regionale Zeitungen sowie musikbetonte Radiosender als wichtige, täglich genutzte Informationsquellen zu Corona. Im Vergleich dazu ist die Anzahl der täglichen Nutzer von Boulevardzeitungen, informationsbetonten Radioprogrammen und überregionalen Zeitungen deutlich geringer.[16]

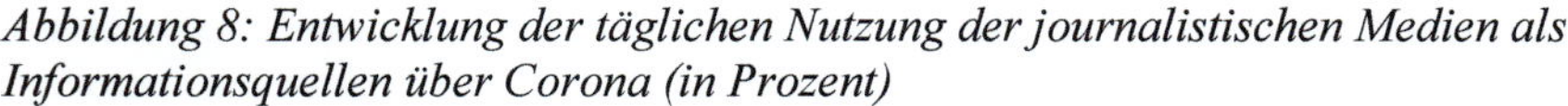

Abbildung 8: Entwicklung der täglichen Nutzung der journalistischen Medien als Informationsquellen über Corona (in Prozent)

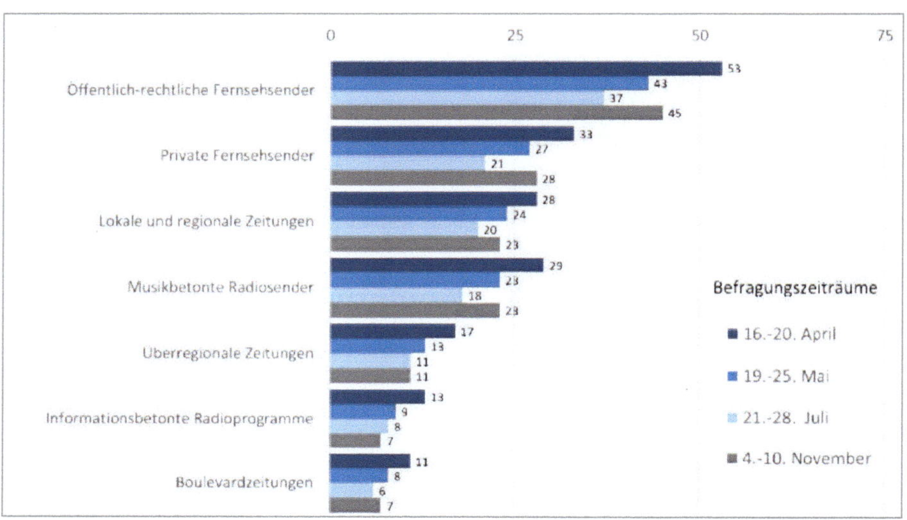

Darüber hinaus wurden die Befragungsteilnehmer zu ihrer Nutzung von Nachrichtenaggregatoren, News-Apps sowie Portalen und Webseiten, welche Beiträge aus verschiedenen Nachrichtenquellen zusammentragen, befragt (Tabelle 5). Diese Online-Angebote stellen zumeist keine eigenen Informationen bereit, sondern leiten die Nutzer:innen zu Inhalten von journalistischen Medien weiter. Auch hier ist die gleiche Tendenz wie bei den meisten konventionellen Medien zu erkennen: Die häufigste tägliche Nutzung war im April (40,9 %); im Mai sank der Werte auf zunächst knapp 33 Prozent und reduzierte sich dann im Juli auf die Hälfte des ursprünglichen Wertes (20,6 %), gefolgt von einer Steigerung im November auf 26 Prozent.

---

[16] Eine insgesamt etwas höhere Nutzungsintensität, aber eine ähnliche Abstufung zwischen den verschiedenen Medienangeboten finden sich auch in der Mainzer Untersuchung von Viehmann et al. (2020) zur Informationsnutzung während der Corona-Krise. Allerdings waren die abgefragten Medienkategorien in der Mainzer Studie nicht völlig identisch. So wurde beispielsweise in der Mainzer Studie Rundfunk allgemein abgefragt und nicht zwischen Hörfunk und Fernsehen unterschieden. Zudem war der Zeitpunkt der Mainzer Befragung etwas früher.
Viehmann, C., Ziegele, M., & Quiring, O. (2020). *Informationsnutzung in der Corona-Krise. Report zu ersten Befunden aus zwei Erhebungswellen.* https://www.kowi.ifp.uni-mainz.de/aktuelle-projekte/informationsnutzung-in-der-corona-krise/

Tabelle 5: Häufigkeit der Nutzung von Diensten, die zu journalistischen Medien weiterleiten

		16.-20. April	19.-25. Mai	21.-28. Juli	4.-10. November
über Emailportal (T-online...) oder Browser (Firefox...), Smartphone (upday...) oder von einem Nachrichtenaggregator (Google News...) Informationen über Corona erhalten	% täglich	40,9	32,9	20,6	26,0
	% seltener	33,2	36,6	39,8	36,1
	% nie	25,9	30,5	39,6	37,9
	n =	1319	1097	905	749

Anmerkung: *täglich (5=täglich/4=mehrmals täglich); seltener (3=mehrmals pro Woche/2=etwa einmal pro Woche/ 1=seltener als einmal pro Woche); nie = 0*

3.3 Nutzung von Online-Informationsangeboten

Hinsichtlich der Nutzung von nicht-journalistischen Online-Angeboten wurden die Teilnehmer:innen gefragt, wie oft sie Informationen über Corona aus Kanälen von bestimmten Institutionen bzw. von Einzelpersonen erhalten, die sich zum Thema positioniert hatten (Tabelle 6). Der Fokus auf Institutionen und Einzelpersonen ermöglicht es uns, die hochgradig personalisierte Online- und auch Social Media Nutzung unserer Befragten vergleichsweise genau zu ermitteln. Indem die Nutzung konkreter Quellen und nicht nur die von Plattformen (Facebook, Instagram etc.) erfragt wird, gewinnt man einen besseren Eindruck davon, welche Inhalte in sozialen Medien verstärkt genutzt werden.

Unter den Institutionen ist das Robert Koch-Institut (RKI) die häufigste Informationsquelle. Im April hat mehr als ein Fünftel der Befragten Informationen vom RKI täglich erhalten und weitere 45 Prozent haben sie von dort zumindest gelegentlich bezogen. Wie auch schon bei den journalistischen Medien beobachtet, nimmt dieser Anteil im Mai und Juli ab, gefolgt von einer Steigerung im November.

Auch die Kanäle der Bundesregierung, einzelner Landesregierungen und Landesverwaltungen wurden relativ häufig als Informationsquellen für Corona genutzt: Im April nutzten 16,5 Prozent der Befragten diese Onlineangebote täglich, gut 11 Prozent im Mai und knapp 6 Prozent im Juli. Im November stieg die Zahl der täglichen Nutzer dann wieder auf fast 11 Prozent. Zu allen vier Zeitpunkten haben weit mehr als die Hälfte der Befragungsteilnehmenden zumindest gelegentlich auf einen oder mehrere Regierungskanäle als Informationsquelle zurückgegriffen.

Tabelle 6: Häufigkeit der Nutzung von Onlinekanälen verschiedener Institutionen und Einzelpersonen als Informationsquellen zum Thema Corona

Über soziale Medien, Blogs, Webseiten oder Podcasts habe ich in den letzten vier Wochen Informationen erhalten ...		**16.-20. April**	**19.-25. Mai**	**21.-28. Juli**	**4.-10. November**
vom Robert Koch-Institut (RKI).	% täglich	20,8	14,4	7,4	16,2
	% seltener	45,1	48,2	45,5	43,0
	% nie	34,1	37,4	47,1	40,8
	n =	1371	1163	935	765
von der Bundesregierung, Landesregierung oder Gemeindeverwaltung.	% täglich	16,5	11,3	5,7	10,8
	% seltener	53,8	54,2	53,1	52,1
	% nie	29,7	34,5	41,2	37,2
	n =	1367	1158	940	755
von Parteien, Fraktionen oder einzelnen Abgeordneten.	% täglich	6,7	3,7	2,4	3,3
	% seltener	38,4	40,3	31,9	34,9
	% nie	54,9	56,0	65,7	61,7
	n =	1316	1107	921	731
von Fachleuten, die die Entscheidungen der Bundesregierung kritisch beurteilen.	% täglich	9,6	6,3	2,3	4,1
	% seltener	53,7	53,2	46,7	48,2
	% nie	36,6	40,4	51,0	47,7
	n =	1327	1116	904	730
von Fachleuten, die die Entscheidungen der Bundesregierung im Großen und Ganzen unterstützen.	% täglich	10,9	7,4	3,3	4,9
	% seltener	54,0	52,7	45,9	47,0
	% nie	35,1	39,9	50,8	48,0
	n =	1323	1110	894	736
von Bürgerinnen und Bürgern, die sich kritisch über die Entscheidungen der Bundesregierung äußern.	% täglich	10,3	8,4	4,3	5,7
	% seltener	51,0	52,2	44,1	47,2
	% nie	38,7	39,4	51,6	47,0
	n =	1319	1137	916	739
von Bürgerinnen und Bürgern, die die Entscheidungen der Bundesregierung im Großen und Ganzen unterstützen.	% täglich	10,8	6,8	3,1	5,4
	% seltener	49,2	53,5	45,8	46,2
	% nie	40,0	39,7	51,1	48,4
	n =	1310	1112	912	726

Anmerkung: *täglich = (5=täglich/4=mehrmals täglich), seltener = (3=mehrmals pro Woche/2=etwa einmal pro Woche/ 1=seltener als einmal pro Woche), nie = 0*

Der Anteil der Befragten, die täglich oder gelegentlich Informationen über Corona aus Veröffentlichungen von Einzelpersonen (Fachleuten oder Laien) erhielten, war geringer als der Anteil derjenigen, die die offiziellen Kanäle nutzen. Zwischen der Nutzung der unterstützenden und der kritischen Angebote zeigten sich aber kaum Nutzungsunterschiede. In den ersten beiden Befragungswellen haben jeweils rund 60 Prozent der Befragungsteilnehmer:innen diese Informationsquellen zumindest gelegentlich genutzt und in den letzten beiden Befragungswellen waren es immer noch rund 50 Prozent. Der Anteil derjenigen, die diese Quellen täglich nutzen, überschritt nur im April die Marke von 10 Prozent und sank dann im Mai und Juli auf unter fünf Prozent. Erst im November war wieder ein leichter Anstieg zu verzeichnen.

3.4 Nutzung von Social Media Plattformen

Um zudem eine Vorstellung davon zu bekommen, welche Plattformen bei der Informationsnutzung zu Corona eine Rolle spielten, haben wir in den letzten beiden Befragungswellen untersucht, wie intensiv unterschiedliche Social Media Plattformen während der Pandemie genutzt wurden (Tabelle 7). Dabei fällt auf, dass diese im Vergleich zu den journalistischen Medien eine geringere Rolle spielen: Im Juli gaben rund 15 Prozent der Befragten an, täglich Informationen über Corona durch Facebook zu erhalten, fast 30 Prozent nutzten Facebook hierfür gelegentlich. Im November ist der Anteil der Personen, die täglich durch Facebook Informationen erhalten, leicht gestiegen (16,8 %), und der Anteil der Befragten, die gelegentlich Facebook hierfür nutzen, leicht gesunken (26,1 %).

Tabelle 7: Häufigkeit der Nutzung von Social Media-Online-Plattformen als Informationsquellen zum Thema Corona

		16.-20. April	**19.-25. Mai**	**21.-28. Juli**	**4.-10. November**
Facebook	% täglich			14,5	16,8
	% seltener			29,4	26,1
	% nie			56,1	57,1
	n =			1014	822
YouTube	% täglich			6,1	6,5
	% seltener			30,9	25,8
	% nie			63,0	67,7
	n =			1014	822
Instagram	% täglich			6,1	6,3
	% seltener			16,5	15,8
	% nie			77,4	77,9
	n =			1014	822
Twitter	% täglich			3,0	2,5
	% seltener			7,9	7,3
	% nie			89,1	90,2
	n =			1014	822

Anmerkung: *täglich = (5=täglich/4=mehrmals täglich), seltener = (3=mehrmals pro Woche/2=etwa einmal pro Woche/ 1=seltener als einmal pro Woche), nie = 0*

Die tägliche Nutzung der anderen drei Social Media Plattformen zu diesem Zweck ist noch geringer und erreicht zu keinem Zeitpunkt die Sieben-Prozent-Marke. Von den verbleibenden Plattformen wird YouTube insgesamt am häufigsten eingesetzt: 37 Prozent der Befragungsteilnehmer haben YouTube im Juli zumindest gelegentlich genutzt, um Informationen über Corona zu erhalten. In November waren es nur noch ein knappes Drittel. Der Anteil der Personen, die Instagram und Twitter als Informationsquellen herangezogen haben, war noch geringer. Instagram wurde in beiden Erhebungswellen von weniger als einem Viertel der Befragten als Corona-Informationsquelle verwendet. Twitter diente nur rund zehn Prozent als Infoquelle. Im Unterschied zu fast allen journalistischen Medien und online verfügbaren Kanälen von Institutionen und Einzelpersonen ist ein themenbezogener Nutzungsanstieg der Social Media Online-Plattformen im November nicht zu verzeichnen.

3.5 Nutzungsmotive und subjektive Nutzungskompetenz

Neben der Nutzungshäufigkeit der verschiedenen Quellen haben wir auch untersucht, aus welchen Motiven die Menschen die themenbezogenen Informationsangebote während der Pandemie nutzten, und wie anspruchsvoll es für sie war, den Umgang mit den zur Verfügung stehenden Informationen zu bewältigen.

Motive der Informationsnutzung

In der Befragung haben wir vor allem Informationsmotive (Tabelle 8), aber auch Unterhaltungsmotive, das Bedürfnis nach Stimmungsregulierung (Zillmann & Bryant 1985), sowie das Motiv des sozialen Vergleichs fokussiert (Festinger, 1954; Sundar & Limperos, 2013) (Tabelle 9). Konstant über alle vier Befragungswellen waren für die Mehrheit der befragten Personen zwei Informationsmotive besonders relevant: Sie suchten zum einen praktische Orientierungshilfen bezüglich der aktuellen Corona-Regeln und sie wollten zum anderen die gesundheitliche Gefahr des Virus einschätzen können. Das erstgenannte Motiv „Informationen über die neuesten Maßnahmen gegen Corona zu erhalten“ war im April für fast 80 Prozent wichtig oder sehr wichtig. Analog zum Pandemieverlauf sank dieser Anteil bis zum Juli auf unter 70 Prozent und stieg im November dann wieder leicht an (72,3 %).

Das zweitwichtigste Informationsmotiv für die Befragten bestand darin, zu erfahren, inwiefern Corona eine Gefahr für sie und ihnen nahestehende Personen darstellt – dieses wurde von drei Vierteln der Befragten im April als wichtig oder sehr wichtig angegeben (Tabelle 8). Der Wert reduzierte sich im Sommer leicht und erhöhte sich im Herbst wieder etwas auf fast 70 Prozent. Darüber hinaus wurde der Wunsch, „einen Überblick über die verschiedenen Aspekte der Situation zu bekommen“, von mehr als 70 Prozent der Befragten im April als ein wichtiger oder sehr wichtiger Informationsgrund angegeben. Genau wie die anderen beiden Motive war auch dieses Motiv im Mai etwas schwächer ausgeprägt, im Juli sank seine Bedeutung weiter und erst im November gewann dieser Nutzungsgrund wieder etwas an Bedeutung.

Tabelle 8: Informations-Motive während der Corona-Pandemie

Ich möchte...		**16.-20. April**	**19.-25. Mai**	**21.-28. Juli**	**4.-10. November**
... Informationen über die neuesten Maßnahmen gegen Corona erhalten.	% nicht so wichtig	6,0	9,0	11,0	9,8
	% teilweise	14,5	17,9	20,0	17,9
	% (sehr) wichtig	79,5	73,0	68,9	72,3
	M (Skala: 1-5)	4,19	4,00	3,89	4,00
	n =	1409	1170	930	766
... wissen, ob eine Gefahr für mich und mir nahestehende Personen besteht.	% nicht so wichtig	7,7	10,5	13,5	11,9
	% teilweise	17,3	20,9	20,6	18,3
	% (sehr) wichtig	75,0	68,6	65,9	69,8
	M (Skala: 1-5)	4,04	3,88	3,81	3,86
	n =	1402	1164	929	767
...einen Überblick über alle Corona betreffenden Aspekte bekommen.	% nicht so wichtig	8,8	10,9	14,3	13,3
	% teilweise	20,5	24,4	26,4	24,1
	% (sehr) wichtig	70,7	64,8	59,3	62,6
	M (Skala: 1-5)	3,93	3,76	3,63	3,71
	n =	1399	1164	923	764
... unterschiedliche Meinungen zum Thema Corona kennenlernen.	% nicht so wichtig	20,8	24,2	28,3	33,0
	% teilweise	27,5	31,8	31,3	29,9
	% (sehr) wichtig	51,7	43,9	40,4	37,1
	M (Skala: 1-5)	3,44	3,28	3,14	3,05
	n =	1391	1155	926	764
...Informationen für die Organisation meines Alltags erhalten.	% nicht so wichtig	24,6	28,7	34,1	31,7
	% teilweise	26,6	28,1	25,8	28,4
	% (sehr) wichtig	48,9	43,2	40,1	39,9
	M (Skala: 1-5)	3,32	3,16	3,01	3,06
	n =	1389	1153	914	751

Anmerkung: *nicht so wichtig (2=weniger wichtig / 1= gar nicht wichtig); teilweise (3= teilweise wichtig); (sehr) wichtig (5=sehr wichtig/4=eher wichtig)*

Am Anfang der Pandemie fand es über die Hälfte der Teilnehmenden wichtig oder sehr wichtig, verschiedene Meinungen zum Thema Corona kennenzulernen (Tabelle 8). Die Wichtigkeit dieses Motives nahm während des Pandemieverlaufs kontinuierlich ab. Vermutlich haben sich die Befragten während der Pandemie eine eigene Meinung gebildet und gefestigt, wodurch es weniger wichtig wurde, sich über andere Meinungen zu informieren. Denkbar ist aber auch, dass die Vielzahl der Stimmen, die sich teilweise deutlich wiedersprachen, von den Befragten zunehmend als Ärgernis oder Belastung erlebt wurde und nicht als informative Bereicherung.

Ein ähnliches Muster ist bei dem Motiv „Informationen für die Alltagsorganisation erhalten“ erkennbar. Im April, als Corona noch ein neues Ereignis war, schätzte fast die Hälfte der befragten Personen dieses Motiv als wichtig oder sehr wichtig ein (Tabelle

8). Im Verlauf des Jahres, als Corona Teil des Alltags wurde, sank dieser Anteil sukzessive auf knapp 40 Prozent im November.

Die Regulierung der Emotionen („mich hinsichtlich meiner Sorgen bezüglich Corona zu beruhigen“) wurde im April von fast der Hälfte der Befragten als wichtiger oder sehr wichtiger Grund für die Informationsnutzung zum Thema Corona bezeichnet (Tabelle 9). Die Beruhigung der eigenen Sorgen dürfte ein Nutzungsmotiv sein, das spezifisch für Krisen wie die aktuelle Pandemie ist, in „normalen“ Zeiten wird es kaum eine Rolle spielen. Sein Anteil sank bis zum Sommer deutlich auf rund 36 Prozent. Im November war dann nur ein geringfügiger Anstieg um zwei Prozentpunkte zu verzeichnen.

Tabelle 9: Motive der Stimmungsregulierung, der Unterhaltung und des sozialen Vergleichs während der Corona-Pandemie

Ich möchte...		**16.-20. April**	**19.-25. Mai**	**21.-28. Juli**	**4.-10. November**
... mich hinsichtlich meiner Sorgen bezüglich Corona beruhigen.	% nicht so wichtig	24,4	27,3	33,2	30,4
	% teilweise	28,9	32,9	30,8	31,5
	% (sehr) wichtig	46,6	39,8	36,1	38,1
	M (Skala: 1-5)	3,29	3,14	2,99	3,05
	n =	1379	1146	907	737
... mich gut unterhalten.	% nicht so wichtig	31,0	25,6	29,3	29,2
	% teilweise	26,1	28,6	28,6	26,2
	% (sehr) wichtig	42,9	45,8	42,1	44,6
	M (Skala: 1-5)	3,14	3,26	3,15	3,18
	n =	1396	1159	925	763
... mir die Zeit vertreiben, wenn mir langweilig ist.	% nicht so wichtig	36,8	35,7	40,8	38,2
	% teilweise	24,7	24,9	22,9	24,6
	% (sehr) wichtig	38,4	39,4	36,4	37,2
	M (Skala: 1-5)	2,97	3,01	2,86	2,91
	n =	1395	1152	930	759
... meine aktuelle Situation mit der anderer Menschen vergleichen.	% nicht so wichtig	48,4	51,8	54,9	55,2
	% teilweise	26,3	28,2	26,6	26,2
	% (sehr) wichtig	25,3	20,0	18,5	18,5
	M (Skala: 1-5)	2,62	2,52	2,41	2,43
	n =	1384	1148	918	752

Anmerkung: *nicht so wichtig (2=weniger wichtig / 1= gar nicht wichtig); teilweise (3= teilweise wichtig); (sehr) wichtig (5=sehr wichtig/4=eher wichtig)*

Relativ konstant blieb über alle vier Wellen der Prozentanteil von Personen, die Unterhaltungsmotive für die Informationsbeziehung wichtig finden (Tabelle 9). Sich gut zu unterhalten war ein wichtiges Informationsmotiv für rund 45 Prozent der Befragten in allen vier Wellen. Ähnlich ist es beim Motiv „die Zeit zu vertreiben, wenn es langweilig ist“. Hier schwanken die Werte leicht zwischen 36 und 40 Prozent. Vielleicht

handelt es sich bei diesen Personen um Rezipienten, die die Nachrichten – unabhängig vom Thema – generell eher zur Unterhaltung nutzen.
Als nicht so wichtig wurde das Motiv des sozialen Vergleichs eingeschätzt: Nur ein kleiner Anteil der Befragten nutzt Informationen um die „eigene Situation mit der anderer Menschen in der Krise zu vergleichen“. Schon im April fand nur rund ein Viertel der Befragten diesen Grund wichtig oder sehr wichtig. Danach sank dieser Wert in den folgenden Wellen bis auf 18,5 Prozent.

Einschätzung der subjektiven Informationskompetenz

Angesichts der über einen langen Zeitraum anhaltenden hohen Informationsdichte zu den verschiedenen Teilbereichen des Corona-Themas haben wir in der ersten und vierten Befragungswelle untersucht, wie die Befragten mit dieser Informationsflut zurechtgekommen sind. Hierbei haben wir uns an vier Aspekten orientiert, die für die Informationskompetenz von Bedeutung sind (Carretero et al., 2017). Tabelle 10 zeigt, dass bei allen vier Dimensionen die Mehrheit der Befragten offenbar keine großen Schwierigkeiten hatte, mit den Herausforderungen umzugehen. Darüber hinaus sank im November die empfundene Herausforderung auf allen vier Dimensionen. Anscheinend entwickelten immer mehr Befragte während der Pandemie geeignete Strategien für sich, um mit den vielen Informationen zu Corona angemessen umzugehen.

Das wird besonders deutlich bei der Glaubwürdigkeitsbeurteilung, die von allen Aspekten als am schwierigsten bewertet wurde. Im April beurteilte fast die Hälfte der Befragten die Einschätzung der Glaubwürdigkeit als herausfordernd, im November sank dieser Anteil auf gut ein Drittel. Da das Thema Corona so vielfältig und komplex ist, waren die Bürger:innen mit Informationen und Meinungen über Themen konfrontiert, die für viele nicht alltäglich sind, wie z. B. Themen und Begriffe der Virologie. Daher ist naheliegend anzunehmen, dass es am Anfang der Pandemie herausfordernder war, die Glaubwürdigkeit unterschiedlicher Meinungen von Expert:innen und Laien zu unbekannten Themen zu beurteilen. Offenbar konnten sich mehr und mehr Befragte im Verlauf der Pandemie mit den Themen vertraut machen und somit eigene Meinungen dazu entwickeln, was auch die Beurteilung der Glaubwürdigkeit der Informationen subjektiv erleichtert hat.

Die Vielfalt der verfügbaren Informationen zum Thema Corona stellt zum einen eine Herausforderung dar, zum anderen erleichtert sie aber auch die Informationssuche. Von daher ist es nicht überraschend, dass es nur eine Minderheit von weniger als 15 Prozent als schwierig betrachtete, die benötigten Informationen zu finden. Andererseits gab ein Drittel der Befragten im April an, dass sie es als herausfordernd empfand, die große Menge an Information zu dem Thema zu bewältigen. Im Herbst war diese Gruppe nur wenig kleiner (29,4 %) geworden. Eine Herausforderung, die mit der Informationsflut verbunden ist, ist die Unterscheidung von relevanten und irrelevanten Fakten. Für ungefähr jeden fünften Befragten (22,8 Prozent im April und 19,4 Prozent im November) war es herausfordernd zu beurteilen, welche Informationen relevant sind und welche nicht.

Tabelle 10: Wahrgenommene Herausforderung im Umgang mit den Informationen über Corona

		16.-20. April	**19.-25. Mai**	**21.-28. Juli**	**4.-10. November**
Zu beurteilen, ob die Informationen glaubwürdig sind, ist für mich...	% herausfordernd	47,2			35,9
	M (Skala: 1-4)	2,45			2,28
	n =	1343			714
Die Vielzahl an Informationen zum Thema zu bewältigen, ist für mich...	% herausfordernd	33,3			29,4
	M (Skala: 1-4)	2,19			2,12
	n =	1367			743
Zu beurteilen, ob die Informationen relevant für mich sind, ist für mich...	% herausfordernd	22,8			19,4
	M (Skala: 1-4)	2,03			1,99
	n =	1369			743
Die Informationen zu finden, die ich brauche, ist für mich...	% herausfordernd	14,1			11,4
	M (Skala: 1-4)	1,79			1,77
	n =	1381			750

Anmerkung: *einfach (1=sehr einfach /2=eher einfach); herausfordernd (3=eher herausfordernd/4=sehr herausfordernd)*

4 Weltbezüge: Das Erleben der Krise

In diesem Kapitel wird dargestellt, wie die Menschen die Krise wahrgenommen und emotional erlebt haben und zwar auf drei Ebenen: in ihrer direkten Umgebung – der Nahwelt – in der Fernwelt und in der medialen Welt. Im Mittelpunkt stehen dabei zunächst zwei Weltbezüge, die *Wahrnehmungen* der verschiedenen Krisenaspekte (Gesundheit, Wirtschaft, Soziales und Politik) und die damit verbundenen eigenen und bei anderen wahrgenommenen *Emotionen*. Darüber hinaus haben wir hier auch dargestellt, wie die Befragten in ihrer Nahwelt während der Krisen ge*handelt* haben. Die Ergebnisse zu dem auf die Fernwelt bezogenen (politisch-partizipativen) *Handeln* werden im nachfolgenden 5. Kapitel, in dem es um die politischen Reaktionen der Menschen auf die Krise geht, präsentiert.

Wie Menschen die Krise erleben, hängt neben Einflüssen der Medien auch davon ab, in welchen Lebensumständen sie von der Pandemie getroffen werden. Deshalb wird zunächst anhand verschiedener sozialer, ökonomischer und gesundheitsbezogener Indikatoren umrissen, welche Auswirkungen die Pandemie unmittelbar auf die Befragten hatte.

4.1 Lebenslage und Alltagssituation der Befragten

Die eigene wirtschaftliche Lage der Befragten war nach Einschätzung der weitaus meisten Befragten vor Beginn der Krise gut (42,7 %) oder mittelmäßig (38,5 %), nur relativ wenige bezeichneten ihre Lage als sehr gut (7,3 %) oder als schlecht (9,7 %). Lediglich 1,8 Prozent empfanden ihre wirtschaftliche Situation als sehr schlecht.

Durch die Corona-Krisen wurde die wirtschaftliche Situation vieler Menschen beeinflusst. In der ersten Befragung im April gab ein gutes Viertel der Befragten an, dass sich seine Lage im Vergleich zur Vor-Corona-Zeit etwas oder sehr verschlechtert habe, weniger als zwei Prozent sagten, ihre Lage habe sich verbessert (Tabelle 11). Im Mai war die Zahl derjenigen, deren Lage sich gegenüber dem Vormonat verschlechtert hatte, sogar noch höher, im Juli ging die Zahl dann etwas zurück. Im November wurden die Befragten wieder gebeten, den gesamten Zeitraum zu überblicken. Hier waren die Werte fast identisch mit denen der ersten Welle. Ein gutes Viertel gab auch nach sieben Monaten an, dass sich ihre wirtschaftliche Situation verschlechtert hat. Der Anteil der Befragten, deren Lage sich gegenüber dem Vormonat oder insgesamt verbessert hat, blieb auf niedrigem Niveau und erreichte in keiner Befragungswelle die Marke von fünf Prozent.

Tabelle 11: Veränderung der wirtschaftlichen Lage

	16.-20. April	19.-25. Mai	21.-28. Juli	4.-10. November
	n=1458	**n=1233**	**n=1014**	**n=822**
etwas /sehr verschlechtert	26,9	29,5	23,3	26,8
gleich	71,4	67,7	72,1	69,7
etwas /sehr verbessert	1,7	2,8	4,5	3,5

Anmerkung: Frageformulierung erste und vierte Befragungswelle: „Wie hat sich Ihre wirtschaftliche Lage im Vergleich zur Zeit vor der Pandemie verändert?"; Frageformulierung zweite bis vierte Befragungswelle: „Wie hat sich Ihre wirtschaftliche Lage in den letzten vier Wochen verändert?"

Eine der unmittelbar beobachtbaren Folgen der Corona-Krise war die Zunahme des Homeoffice (Tabelle 12). Tatsächlich wurde die Option des Homeoffice am stärksten während des ersten Lockdowns im April genutzt. Fast ein Viertel der Untersuchungsteilnehmer:innen befand sich damals zumindest teilweise im Homeoffice. Der Anteil sank dann in den folgenden Monaten bis auf unter 20 Prozent im Juli und stieg erst im November wieder etwas an, ohne jedoch die Werte des Aprils wieder zu erreichen.

Tabelle 12: Homeoffice

	16.-20. April	19.-25. Mai	21.-28. Juli	4.-10. November
	n=1458	**n=1233**	**n=1014**	**n=822**
ja	14,1	13,5	10,4	11,1
teilweise	9,5	8,4	8,3	9,0
nein/ nicht berufstätig	76,4	78,0	81,2	79,8

Anmerkung: Frageformulierung: „Arbeiten Sie im Homeoffice?"

Die Corona-Pandemie wirkte sich nicht nur auf die Arbeitssituation und die wirtschaftliche Lage aus, sondern beeinflusste auch die Situation in den Familien und Haushalten. Hier zeigte sich, dass gleich zu Beginn während des ersten Lockdowns, die durch Corona bedingten Veränderungen im Alltag zwar für sehr viele (42 %) zu einer angespannteren Situation im Haushalt führten, von einem Teil der Befragten (11,6 %) aber auch als eine Entschleunigung wahrgenommen wurden, was dazu führte, dass man die Situation als entspannter empfand (Tabelle 13). Schon im April, vor allem aber im Juli sank dann der Anteil derjenigen, die die Situation als angespannter beurteilten, während der Anteil derjenigen stieg, die eine Entspannung wahrnahmen. Mit den zunehmenden Einschränkungen im Oktober/November kehrte sich die Tendenz dann aber wieder um: Nun stieg der Anteil der Befragten, die über einen Anstieg der Spannungen berichteten, wieder an. Dieser Indikator reagiert somit deutlich auf die Veränderungen in den äußeren Bedingungen, wie sie in der Chronik dokumentiert wurden.

Überblickt man den gesamten Zeitraum und betrachtet dabei nicht nur die einzelnen Befragungswellen, sondern berücksichtigt auch, dass eine Verschlechterung der Stimmung im Haushalt zu einem Zeitpunkt durch eine Verbesserung zu einem anderen Zeitpunkt wieder kompensiert werden kann, dann zeigt sich, dass der Anteil der Befragungsteilnehmer:innen, die angaben, dass sich die Situation in ihrem Haushalt im Laufe des Jahres zumindest etwas verschlechtert hat, bei 45 Prozent liegt. Fast 30 Prozent berichten sogar von einer deutlich angespannteren Situation. Aber immerhin rund 20 Prozent der Befragten haben den Eindruck, dass sich ihre Lebenssituation im Vergleich zu Vor-Corona-Zeiten im Laufe des Jahres insgesamt etwas entspannt hat.

Tabelle 13: Veränderung der Situation im Haushalt

	16.-20. April	19.-25. Mai	21.-28. Juli	4.-10. November
	n=1458	**n=1233**	**n=1014**	**n=822**
etwas / viel angespannter	42,0	28,8	16,7	29,2
wie immer	46,3	52,3	64,4	65,6
etwas / viel entspannter	11,6	18,9	18,9	5,2

Anmerkung: Frageformulierungen erste Welle: „Wie ist die Situation in Ihrem Haushalt aufgrund der Corona-Maßnahmen im Vergleich zu der Zeit davor?" Frageformulierung zweite bis vierte Welle: „Wie hat sich die Situation in ihrem Haushalt in den letzten vier Wochen verändert?"

Zusammenfassend zeigen die Ergebnisse, dass die Mehrheit der Befragten keine Verschlechterungen und teilweise sogar eine leichte Verbesserung der Lage erlebte. Auf der anderen Seite waren aber doch relativ viele Befragte von den ökonomischen und sozialen Verwerfungen der Corona-Pandemie unmittelbar betroffen.

Deutlich anders sieht es aus, wenn man nach den unmittelbaren Erfahrungen mit der Krankheit fragt. Im April und dann noch einmal im November haben wir erhoben, was die Befragungsteilnehmer:innen über Corona-Erkrankungen in ihrem persönlichen Umfeld wissen. Es zeigt sich, dass selbst im November viele Menschen keine oder nur wenige unmittelbare Erfahrungen mit dem Virus gemacht hatten (Tabelle 14). Im November gaben 1,2 Prozent der Befragten an, von vielen Infizierten im persönlichen Umfeld zu wissen, das waren kaum mehr als im April (0,8 %). Angestiegen ist nur der Anteil derjenigen, die überhaupt Krankheitsfälle in ihrem Umfeld kennen, auch wenn es nur „wenige" sind. Waren dies im April nur 13 Prozent, so hatte sich diese Zahl im November auf 26 Prozent verdoppelt. Aber selbst im November erklärten die weitaus meisten (72,7 %), dass ihnen keine Informationen dazu vorliegen oder dass sie niemanden kennen, der erkrankt ist.

Tabelle 14: Corona Erkrankung im persönlichen Umfeld

	16.-20. April	19.-25. Mai	21.-28. Juli	4.-10. November
	n=1458	**n=1233**	**n=1014**	**n=822**
viele	0,8			1,2
wenige	13,0			26,0
weiß nicht	16,6			13,8
keine	69,7			58,9

Frageformulierungen: Sind oder waren in Ihrem Umfeld Menschen an Corona erkrankt?

Die Analyse der Angaben der Befragten zu ihrer sozioökonomischen Lebenssituation und der gesundheitlichen Lage in ihrem persönlichen Umfeld hat verdeutlicht, dass die negativen wirtschaftlichen Folgen weit verbreitet waren, die sozialen Folgen sehr unterschiedlich ausfielen und die gesundheitlichen Auswirkungen nur für eine kleine Minderheit überhaupt direkt erfahrbar war. Diese persönliche Lebenswelt bildet den Erfahrungshintergrund für die Wahrnehmung der Krise, die nachfolgend dargestellt wird.

4.2 Wahrnehmung der Nahwelt

Am Beginn der Auseinandersetzung mit einem Thema steht dessen Wahrnehmung. Bei einem Ereignis wie der aktuellen Corona-Krise steht dabei die Frage im Vordergrund, wie gefährlich sie von der Bevölkerung wahrgenommen wird. Nur, wenn die Situation als entsprechend dramatisch wahrgenommen wird, ist damit zu rechnen, dass Menschen die Bereitschaft entwickeln, ihr Leben an das Pandemiegeschehen anzupassen.

Bei der Wahrnehmung eines Themas kann es sich einerseits um direkte Erfahrungen mit den eigenen Sinnen handeln. Dies ist im Falle von Corona nur begrenzt möglich, da das Virus der Sinneswahrnehmung nicht zugänglich ist. Durchaus sinnlich wahrnehmbar sind aber maskentragende Menschen, geschlossene Einrichtungen, Warnschilder etc. Andererseits erfahren wir durch Gespräche mit anderen aber auch indirekt von deren Wahrnehmungen, etwa in Erzählungen von Infektionsfällen, Krankheitserfahrungen, Todesfällen etc. So entsteht ein Bild von den Verhältnissen in der Nahwelt, das sich primär aus eigenen Erfahrungen, der Beobachtung der Umwelt sowie Gesprächen mit Menschen im sozialen Umfeld speist. Hinzu können aber auch mediale Eindrücke kommen, etwa aus der Lokalzeitung oder sozialen Medien.

Zur Wahrnehmung von Corona in der Nahwelt ergeben sich folgende Befunde (Tabelle 15 und Tabelle 16): Die Personen im persönlichen Umfeld werden von den Befragten stärker als gefährdet wahrgenommen als sie selbst. Allerdings ist bei der Interpretation zu beachten, dass das erste Item die Gefahr für eine Person (nämlich den Befragten) abfragt, das zweite dagegen die Gefahr für eine Gruppe von Personen (deren Größe offenbleibt). Die Unterschiede könnten darauf zurückzuführen sein, dass viele Befragte bei der Einschätzung der Gefahr für eine Gruppe die individuellen Risiken addieren und deshalb eine stärkere Ausprägung ankreuzen. Denkbar ist auch, dass der Befund Ergebnis des sogenannten Optimistic bias ist (vgl. Gouveia & Clarke, 2001), nach dem Menschen Gefahren eher für andere sehen, sich selbst aber tendenziell für immun halten. Eine dritte Erklärung besteht darin, dass unterschiedliche Altersgruppen die eigene Gefährdung unterschiedlich einschätzen, zum eigenen Umfeld aber naturgemäß Personen unterschiedlichen Alters gehören und damit auch solche, die aufgrund ihre Alters stärker gefährdet sind. Dies bestätigt sich auch deutlich (vgl. Abbildung 9): Während die Wahrnehmung der eigenen Gefährdung mit dem Alter kontinuierlich ansteigt, bleibt die Einschätzung der Gefahr für das soziale Umfeld in allen Altersgruppen weitgehend konstant.

Abbildung 9: Gefährdungswahrnehmung nach Altersgruppen (Welle 1)

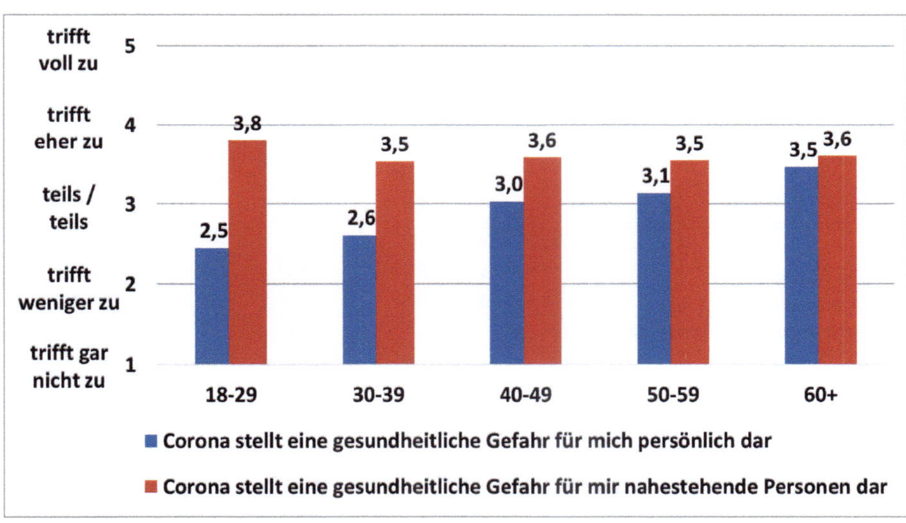

Die Entwicklung der Einschätzung der gesundheitlichen Gefahren verläuft über die vier Wellen für beide Indikatoren identisch: Nach dem ersten Lockdown sinkt die Einschätzung der Gefahr, steigt dann aber zwischen Juli und Anfang November auf Werte, die sogar etwas höher liegen als im April: Einer individuellen Gefahr stimmen anfangs knapp 35 Prozent, im November knapp 42 Prozent zu, eine Gefahr für das Umfeld sehen anfangs 57 Prozent, am Ende gut 59 Prozent.

Noch ausgeprägter ist dieser Entwicklungstrend bei der Zustimmung zu der Aussage, dass es viele Corona-Fälle in der Wohngegend gibt, allerdings auf deutlich niedrigerem

Niveau: Nachdem der Wert der Zustimmung über die drei ersten Wellen von 8,3 auf 3,5 Prozent sank, schnellte er im November auf 17,1 Prozent hoch. Zwei Ursachen sind hierfür von Bedeutung: Zum einen war die Zahl der Neuinfektionen pro Tag im November ungefähr viermal so hoch und zum anderen war das Infektionsgeschehen der zweiten Welle stärker über die Fläche verbreitet. Im Frühjahr konzentrierte sich das Geschehen noch stärker auf einzelne Hotspots, weshalb die meisten in ihrer Wohngegend tatsächlich keine oder allenfalls wenige Fälle wahrnehmen konnten.

Insgesamt bestätigen die Befunde die in Tabelle 14 präsentierten Ergebnisse für das persönliche Umfeld. Für die weitaus meisten Personen war das Infektionsgeschehen weder in der Wohngegend noch im persönlichen Umfeld direkt erfahrbar. Dennoch war die Wahrnehmung einer gesundheitlichen Gefährdung hoch. Dies deutet darauf hin, dass die Wahrnehmung der Nahwelt sich nicht nur aus der Beobachtung der Nahwelt speist, sondern auch aus anderen, medial vermittelten Erfahrungen abgeleitet wird.

Tabelle 15: Wahrnehmung von gesundheitlichen Krisenaspekten in der Nahwelt

		16.-20. April	**19.-25. Mai**	**21.-28. Juli**	**4.-10. November**
Corona stellt eine gesundheitliche Gefahr für mich persönlich dar.	% Ablehnung	39,7	43,0	43,7	35,5
	% teils/teils	25,7	23,5	24,5	22,7
	% Zustimmung	34,7	33,5	31,8	41,8
	M (1-5)	2,99	2,90	2,85	3,09
	n =	1440	1213	1000	812
Corona stellt eine gesundheitliche Gefahr für mir nahestehende Personen dar.	% Ablehnung	19,2	22,5	24,7	19,6
	% teils/teils	23,9	23,6	26,9	21,2
	% Zustimmung	56,9	53,9	48,5	59,3
	M (1-5)	3,60	3,50	3,36	3,59
	n =	1438	1216	1002	815
In meiner Wohngegend gibt es viele Corona-Fälle.	% Ablehnung	80,8	88,3	90,4	66,1
	% teils/teils	10,9	6,9	6,0	16,8
	% Zustimmung	8,3	4,8	3,5	17,1
	M (1-5)	1.84	1.60	1.52	2.20
	n =	1219	1058	918	684
An meinem Wohnort halten sich die meisten an die Hygiene-Regeln.	% Ablehnung				5,7
	% teils/teils				28,0
	% Zustimmung				66,3
	M (1-5)				3.80
	n =				785

Anmerkung: *Ablehnung (1 = trifft gar nicht zu/ 2 = trifft eher nicht zu); Zustimmung (4 = trifft eher zu/ 5 = trifft voll zu)*

Da die Bedrohung durch das Virus sich für die weitaus meisten Menschen als reale Gefahr darstellt, halten sich offenbar auch die allermeisten Menschen an die Hygiene-

Regeln, die dazu dienen sollen, die Verbreitung des Virus einzudämmen. Im November konstatierten zwei Drittel der Befragten ein solches Verhalten bei ihren Mitmenschen und nur wenige (5,7 %) beobachteten völlig andere Verhaltensweisen der Bevölkerung an ihrem Wohnort.

Im Unterschied zur Wahrnehmung der gesundheitlichen Situation, die sich in der letzten Befragungswelle wieder deutlich eingetrübt hatte, hat sich die Wahrnehmung der finanziellen Lage im persönlichen Umfeld im Laufe des Jahres deutlich verbessert (Tabelle 16). Während in der ersten Welle noch eine relative Mehrheit von 43 Prozent der Aussage zustimmte, dass Personen im persönlichen Umfeld finanzielle Nachteile erleiden (31,8 % Ablehnung), lehnen sie in der vierten Welle bereits 45,5 Prozent ab, nur noch knapp 30 Prozent stimmten zu. Vergleicht man diese Entwicklung mit den Angaben zur ökonomischen Situation im Haushalt der Befragten (Kapitel 4.1), dann wird deutlich, dass zwar der Anteil derjenigen, die wirtschaftliche Einbußen bei sich selbst feststellten, weitgehend unverändert blieb, dass aber die Wahrnehmung der Situation im persönlichen Umfeld sich offenbar verbesserte. Als Erklärung ist denkbar, dass im April noch wenig über die ökonomischen Auswirkungen bekannt war und deshalb diesbezüglich Unsicherheit verbreitet war, wohingegen sich im Laufe des Jahres herausstellte, welche Branchen konkret betroffen sind – und welche eben auch nicht. Hinzu kam, dass durch das Kurzarbeitergeld viele Arbeitnehmer nicht so stark betroffen waren wie anfangs befürchtet.

Obwohl während des ersten Lockdowns vielfach über leere Supermarktregale berichtet und diskutiert wurde, haben die Menschen eine Gefährdung der Versorgung mit lebensnotwendigen Dingen (Tabelle 16) so gut wie gar nicht wahrgenommen. Diese sahen in den ersten beiden Wellen nur knapp fünf Prozent der Befragten, weshalb diese Frage in den weiteren Wellen nicht mehr gestellt wurde.

Die politische Dimension der Krise durch die Einschränkung der Grundrechte wurde zunächst nur mit einem Indikator erfragt, in den letzten beiden Wellen wurden dann aber zwei weitere Indikatoren hinzugenommen. Im Vergleich zu den gesundheitlichen Gefahren wird eine Einschränkung der Grundrechte am Wohnort deutlich weniger wahrgenommen, wobei hier die Veränderungen über die Wellen am stärksten sind. Dies ist auch unmittelbar plausibel, denn diese Wahrnehmungen hängen direkt davon ab, ob und welche einschränkenden Regeln im Land und am Wohnort gelten. Entsprechend stimmen im April knapp 31 Prozent zu, solche Einschränkungen wahrzunehmen. Über 25 Prozent im Mai sinkt der Wert dann auf unter 15 Prozent im Juli, um Anfang November wieder auf 23 Prozent anzusteigen. Im Gegensatz zur Wahrnehmung der gesundheitlichen Gefahren erreicht der Wert damit aber nicht das Aprilniveau, ganz analog zu den faktisch geringeren Einschränkungen des Novembers im Vergleich zum harten Lockdown des Frühjahres.

Andererseits zeigt sich aber durchaus, dass die Einschränkungen nicht als Kleinigkeit wahrgenommen werden. Noch im Mai hatten fast 45 Prozent der Aussage zugestimmt, dass sie an ihrem Wohnort „wenige Beschränkungen wahrnehmen". Im November waren dies nur noch ein gutes Viertel (Tabelle 16).

Tabelle 16: Wahrnehmung von ökonomischen, sozialen und politischen Krisenaspekten in der Nahwelt

		16.-20. April	19.-25. Mai	21.-28. Juli	4.-10. November
In meinem persönlichen Umfeld erleiden Personen durch Corona finanzielle Nachteile.	% Ablehnung	31,8	38,1	46,6	45,5
	% teils/teils	25,2	25,0	25,0	25,5
	% Zustimmung	43,0	36,9	28,4	29,1
	M (1-5)	3.15	2.96	2.69	2.74
	n =	1337	1130	933	731
Die Versorgung mit den zum Leben wichtigen Dingen ist für mich und mir nahestehende Personen gesichert.	% Ablehnung	4,8	4,6		
	% teils/teils	12,1	8,9		
	% Zustimmung	83,0	86,4		
	M (1-5)	4.29	4.39		
	n =	1444	1219		
Durch die zur Corona-Bekämpfung getroffenen Maßnahmen an meinem Wohnort sind meine Grundrechte stark eingeschränkt.	% Ablehnung	36,8	45,3	64,6	51,8
	% teils/teils	32,3	29,9	22,2	25,3
	% Zustimmung	30,9	24,9	13,3	23,0
	M (1-5)	2.93	2.71	2.24	2.58
	n =	1435	1219	998	812
An meinem Wohnort nehme ich wenige Beschränkungen wahr.	% Ablehnung			18,0	36,9
	% teils/teils			38,4	36,4
	% Zustimmung			43,7	26,7
	M (1-5)			3.31	2.85
	n =			992	817
An meinem Wohnort wird häufig gegen die Corona-Maßnahmen protestiert.	% Ablehnung			85,5	84,6
	% teils/teils			8,9	9,3
	% Zustimmung			5,6	6,1
	M (1-5)			1.58	1.66
	n =			954	783

***Anmerkung:** Ablehnung (1 = trifft gar nicht zu/ 2 = trifft eher nicht zu); Zustimmung (4 = trifft eher zu/ 5 = trifft voll zu)*

In der Chronik (Kapitel 1.2) hatten wir auf die Proteste gegen die Corona-Maßnahmen hingewiesen, die teilweise größere Menschenmassen mobilisierten. Diese in den Medien intensiv thematisierten Demonstrationen waren in der Wahrnehmung des Großteils der Bevölkerung aber offenbar nichts, was vor der Haustür stattfindet, sondern irgendwo anders. Nur gut fünf Prozent der Bürgerinnen und Bürger nahmen solche Proteste häufig am Wohnort wahr, für rund 85 Prozent spielten sie im eigenen Erleben keine Rolle (Tabelle 16).

Für eine Aufschlüsselung der Werte nach soziodemographischen Gruppen sowie nach Mediennutzung haben wir zur besseren Übersichtlichkeit aus den ersten drei Items aus Tabelle 15 einen Index gebildet, der die Dramatik der Wahrnehmung der gesundheitlichen Situation insgesamt abbildet[17]. Tabelle 17 zeigt die entsprechenden Mittelwerte.

Tabelle 17: Dramatik der Wahrnehmung der Gesundheitskrise (Index) nach Soziodemographie und Mediennutzung*

		16.-20. April	**19.-25. Mai**	**21.-28. Juli**	**4.-10. November**
Alter	18-29	2,85	2,75	2,58	3,05
	30-39	2,74	2,63	2,57	2,97
	40-49	2,88	2,63	2,51	2,91
	50-59	2,90	2,74	2,63	2,99
	60+	3,02	2,91	2,76	3,17
Geschlecht	m	2,85	2,74	2,60	2,98
	w	2,93	2,77	2,66	3,09
Bildung	einfach	2,98	2,77	2,63	2,97
	mittel	2,89	2,80	2,65	3,08
	hoch	2,82	2,70	2,61	3,06
Nutzung öff.-rechtl. TV	nicht	2,61	2,48	2,33	2,67
	wenig	2,82	2,67	2,63	3,04
	täglich	3,00	2,96	2,80	3,18
Nutzung privates TV	nicht	2,74	2,60	2,57	2,96
	wenig	2,89	2,75	2,69	2,99
	täglich	3,02	2,94	2,81	3,14
Nutzung Regionalzeitung	nicht	2,77	2,66	2,49	2,91
	wenig	2,89	2,73	2,67	3,04
	täglich	3,02	2,90	2,77	3,26
Nutzung nicht-journalistische Onlinequellen **	nicht	2,73	2,63	2,45	2,97
	wenig	2,78	2,60	2,61	2,96
	täglich	3,04	2,94	2,84	3,21
gesamt		2,89	2,75	2,63	3,03

* Mittelwerte der Items „Corona stellt eine gesundheitliche Gefahr für mich persönlich dar", „Corona stellt eine gesundheitliche Gefahr für mir nahestehende Personen dar" und „In meiner Wohngegend gibt es viele Corona-Fälle" auf einer Skala von 1 = „trifft gar nicht zu" bis 5 = „trifft voll zu"
** Index aus der Nutzung von Onlinequellen des RKI, der Regierung, unterstützender Fachleute, unterstützender Laien

[17] Diese laden bei einer Faktoranalyse auch auf einem gemeinsamen Faktor.

Bei den soziodemographischen Variablen zeigen sich keine bzw. nur geringfügige Unterschiede zwischen den Gruppen: Die höchste Altersgruppe sieht die meisten gesundheitlichen Gefahren, vor allem in der vierten Welle im November. Frauen nehmen die Lage etwas dramatischer wahr als Männer, aber auch hier sind die Unterschiede gering. Die formale Bildung zeigt gar keine klaren Effekte.

Deutlich größere Unterschiede zeigen sich zwischen den Nutzergruppen verschiedener Medien, und zwar vor allem beim öffentlich-rechtlichen Fernsehen: Wer sich hier täglich über Corona informiert, schätzt die Lage deutlich dramatischer ein als die Nichtnutzer dieser Sender. Die Differenz zwischen Nicht- und Vielnutzern wächst auch von Welle zu Welle, und zwar von 0,39 Skalenpunkten auf bis zu 0,51 in Welle 4.

Bei intensiveren Nutzern des privaten Fernsehens und bei den Vielnutzern nicht-journalistischer Onlinequellen ist zwar ebenfalls eine dramatischere Wahrnehmung festzustellen, hier verändert sich die Differenz zwischen Nutzern und Nichtnutzern über die Wellen allerdings kaum und liegt insgesamt niedriger als beim öffentlich-rechtlichen Fernsehen (Tabelle 17).

Fast dieselbe Struktur wie beim Privatfernsehen findet sich bei der Lektüre von Regionalzeitungen. Hier erreichen ebenfalls die Vielleser den höchsten Wert aller untersuchten Gruppen.

Die Ergebnisse unterstreichen die Vermutung, dass die Einschätzung der Nahwelt nicht nur auf direkten Beobachtungen beruht, sondern aus den medial vermittelten Erfahrungen abgeleitet wird. Die Menschen „sehen" die Gefahr in der Nahwelt, weil sie sie in den Medien gesehen haben.

4.3 Emotionen in Bezug auf die Nahwelt

Wenn die Wirklichkeit aufgrund von gesundheitlichen oder ökonomischen Gefahren als dramatisch wahrgenommen wird, dann sind emotionale Reaktionen der Angst und der Sorge zu erwarten. Entsprechend spiegeln sich in einigen der emotionalen Reaktionen die Unterschiede, die wir bereits bei der Wahrnehmung der Lage gesehen hatten (Tabelle 18): Entsprechend zur unterschiedlichen Gefährdungswahrnehmung überwiegt auch die Sorge um andere Menschen die Angst vor der eigenen Erkrankung. Zudem sind auch die Entwicklungen ähnlich: Auf eine Entspannung im Laufe der ersten drei Befragungswellen folgt ein Anstieg im November. Dies gilt für die Angst vor eigener Ansteckung genauso wie für die Sorge um nahestehende Personen, aber auch für den Ärger über die Einschränkung der eigenen Freiheit. Während aber die Angst vor Ansteckung im November größer ist als im April (38,7 zu 32,6 %), erreicht der Ärger über die Einschränkungen nicht wieder das Frühjahrsniveau (27,6 zu 34,0 %).

Tabelle 18: Negative emotionale Bezüge auf Corona in der Nahwelt

		16.-20. April	**19.-25. Mai**	**21.-28. Juli**	**4.-10. November**
Angst, dass ich mich anstecke	% Ablehnung	40,5	46,1	49,0	38,3
	% teils/teils	26,9	25,0	22,8	22,9
	% Zustimmung	32,6	28,9	28,2	38,7
	M (Skala: 1-5)	2,90	2,76	2,71	3,00
	n =	1453	1229	1010	818
Sorge um nahestehende Personen	% Ablehnung	16,5	23,2	27,6	19,9
	% teils/teils	21,1	23,1	23,9	21,4
	% Zustimmung	62,5	53,8	48,5	58,7
	M (Skala: 1-5)	3,69	3,45	3,26	3,55
	n =	1457	1229	1011	822
Ärger, dass ich viele Dinge nicht machen darf, die ich sonst mache	% Ablehnung	41,4	44,5	56,4	51,4
	% teils/teils	24,6	23,4	22,3	21,1
	% Zustimmung	34,0	32,0	21,3	27,6
	M (Skala: 1-5)	2,92	2,83	2,47	2,65
	n =	1455	1229	1010	819
Ärger über das Verhalten von Menschen in meiner Wohngegend	% Ablehnung	36,5	35,4	38,7	39,3
	% teils/teils	24,4	26,2	27,1	29,4
	% Zustimmung	39,1	38,4	34,2	31,2
	M (Skala: 1-5)	3,07	3,05	2,92	2,89
	n =	1445	1218	1001	808
Einen Koller, weil die Krise so lange dauert	% Ablehnung		53,0	60,3	53,9
	% teils/teils		23,3	18,5	20,3
	% Zustimmung		23,8	21,3	25,9
	M (Skala: 1-5)		2,52	2,34	2,55
	n =		1219	992	808
Angst, den Corona-Winter psychisch nicht zu verkraften	% Ablehnung				68,2
	% teils/teils				14,6
	% Zustimmung				17,2
	M (Skala: 1-5)				2,18
	n =				808
Angst vor der Zukunft	% Ablehnung				41,4
	% teils/teils				28,9
	% Zustimmung				29,6
	M (Skala: 1-5)				2,82
	n =				815

Anmerkung: *Ablehnung (1 = trifft gar nicht zu/ 2 = trifft eher nicht zu); Zustimmung (4 = trifft eher zu/ 5 = trifft voll zu)*

Auffällig ist die kontinuierliche Abnahme des Ärgers über das Verhalten von Mitmenschen: Stimmt hier anfangs noch eine relative Mehrheit von knapp 40 Prozent zu (bei 36,5 % Ablehnung) so kippt dieses Verhältnis über die vier Wellen zu einer deutlichen Mehrheit von fast 40 Prozent Ablehnenden zu rund 31 Prozent

Zustimmenden. Freilich bleibt dabei offen, ob sich das Verhalten der Mitmenschen geändert hat oder sich die Befragten zum Beispiel an Maskenmuffel gewöhnt haben und sich deshalb weniger ärgern.

Ab der zweiten Welle haben wir auch die Frage nach einem möglichen „Corona-Koller" in die Fragebatterie aufgenommen. Ein Massenphänomen war dieser während des Befragungszeitraums offenbar noch nicht. In der vierten Welle berichtet aber immerhin jeder vierte Befragte von solch einem Gefühl. 17,2 Prozent der Befragten geben sogar an Angst zu haben, den Corona-Winter psychisch nicht zu verkraften. Auch wenn dies nur eine kleinere Gruppe der Bevölkerung ist und auch wenn das Ankreuzen von „Angst" noch keinen tatsächlichen Zusammenbruch vorhersagt, ist dies doch ein Hinweis darauf, dass die Gefahr psychischer Folgen der Krise nicht zu unterschätzen ist. Vor allem wenn sich zu den momentanen psychischen Belastungen Zukunftsängste gesellen, kann dies zu einer gefährlichen sozialen und politischen Mischung werden. Tatsächlich gaben im November bereits fast 30 Prozent der Bürgerinnen und Bürger an, Angst vor der Zukunft zu haben.

Auf der anderen Seite ist die Zuversicht, dass sich die eigene wirtschaftliche Lage nicht verschlechtern wird, über den gesamten Untersuchungszeitraum sehr konstant (Tabelle 19): Etwa die Hälfte stimmt hier voll zu, ein weiteres Viertel teilweise. Umgekehrt bedeutet dies aber auch, dass ein knappes Viertel der Bevölkerung eine ökonomische Verschlechterung erwartet. Gleichzeitig nimmt zudem die Hoffnung auf ein baldiges Ende der Corona-Krise kontinuierlich ab. Nach 60 Prozent in der ersten Welle sinkt hier die Zustimmung auf unter 45 Prozent in der vierten Welle.

Tabelle 19: Positive emotionale Bezüge auf Corona in der Nahwelt

		16.-20. April	**19.-25. Mai**	**21.-28. Juli**	**4.-10. November**
Zuversicht, dass meine wirtschaftliche Lage sich nicht verschlechtern wird	% Ablehnung	25,3	22,3	23,4	24,9
	% teils/teils	27,7	26,5	25,5	23,4
	% Zustimmung	47,0	51,2	51,1	51,7
	M (Skala: 1-5)	3,33	3,41	3,42	3,34
	n =	1442	1203	998	810
Hoffnung, dass Corona für mich bald kein Problem mehr sein wird	% Ablehnung	13,7	15,1	20,8	27,5
	% teils/teils	26,2	26,5	26,3	28,2
	% Zustimmung	60,1	58,5	52,9	44,2
	M (Skala: 1-5)	3,71	3,65	3,48	3,28
	n =	1422	1207	987	793

Anmerkung: *Ablehnung (1 = trifft gar nicht zu/ 2 = trifft eher nicht zu); Zustimmung (4 = trifft eher zu/ 5 = trifft voll zu)*

Tabelle 20 beinhaltet eine Aufschlüsselung nach Soziodemographie und Mediennutzung der Mittelwerte einiger Emotionen, die wir in der vierten Befragungswelle gemessen hatten. Die Befunde zeigen verschiedene, zum Teil aber sehr deutliche Unterschiede zwischen den Gruppen.

Die Angst vor Ansteckung ist stärker ausgeprägt bei Frauen, Älteren und niedrig Gebildeten. Ferner geht eine intensive Mediennutzung bei allen Medientypen mit einer ausgeprägten Ansteckungsangst einher.

Das „Kollergefühl" hingegen empfinden Jüngere, Frauen und höher Gebildete stärker. Intensive Mediennutzung scheint gegen den Koller eher zu immunisieren: Tägliche Nutzer von öffentlich-rechtlichem oder privatem Fernsehen sowie von Regionalzeitungen haben hier die niedrigsten Zustimmungswerte, am deutlichsten sind die Unterschiede zwischen den Nutzern und Nichtnutzern von Regionalzeitungen. Bei den nicht-journalistischen Onlinemedien sind Vielnutzer und Nichtnutzer weniger vom Koller betroffen.

Weniger stark sind die Unterschiede bei der Hoffnung auf ein baldiges Ende der Pandemie. Diese ist bei den Höhergebildeten schwächer ausgeprägt (passend zu ihrem stärkeren Koller), beim Alter dagegen zeigt sich ein kurvilinearer Zusammenhang: Die jüngste Altersgruppe (U30) und die älteste (Ü60) haben noch am meisten Hoffnung auf ein baldiges Ende der Krise.

Hinsichtlich der Mediennutzung zeigte sich bei der Frage nach der Zukunftshoffnung ein uneinheitliches Muster: Die Intensivnutzer des öffentlich-rechtlichen Fernsehens haben zwar seltener einen Koller, aber gleichzeitig weniger Hoffnung als alle anderen. Dem entgegen haben die besonders selten vom Koller betroffenen Vielleser von Regionalzeitungen auch mehr Hoffnung auf ein baldiges Ende. Bei den nicht-journalistische Medien findet sich wiederum ein kurvilinearer Zusammenhang. Spiegelbildlich zum Koller haben Vielnutzer und Nichtnutzer mehr Hoffnung.

Was die Zuversicht, selbst keinen ökonomischen Schaden davonzutragen, betrifft, zeigen sich vor allem Unterschiede zwischen den Alters- und den Bildungsgruppen. Am meisten Sorgen machen sich die mittleren Altersgruppen zwischen 30 und 60, die mitten im Berufsleben stehen und bei denen entsprechend auch die Sorgen um Verlust des Arbeitsplatzes, Kurzarbeit etc. eine Rolle spielen dürften. Weniger Sorgen machen sich höher Gebildete, möglicherweise, weil sie häufiger in weniger krisenbedrohten Bereichen arbeiten und im Home-Office weiterarbeiten können. Tendenziell sind auch die Vielnutzer der Medien etwas hoffnungsvoller, allein bei den Vielnutzern des Fernsehens zeigt sich dieser Zusammenhang nicht.

Insgesamt deuten die Befunde somit darauf hin, dass die Emotionen sowohl durch die Lebenslage als auch durch die Rezeption der Medien beeinflusst werden.

Tabelle 20: Emotionen in Bezug auf die Nahwelt nach Soziodemographie und Mediennutzung (Welle 4)

		Angst vor Ansteckung	Koller	Hoffnung auf Ende	Ökonomische Zuversicht
Alter	18-29	2,81	2,87	3,37	3,60
	30-39	2,73	2,81	3,07	3,18
	40-49	3,04	2,65	3,19	3,25
	50-59	2,92	2,62	3,21	3,18
	60+	3,32	2,07	3,45	3,43
Geschlecht	m	2,86	2,34	3,31	3,31
	w	3,13	2,76	3,25	3,25
Bildung	einfach	3,11	2,39	3,35	3,20
	mittel	3,08	2,41	3,37	3,39
	hoch	2,83	2,82	3,14	3,41
Nutzung öffentlich-rechtliches Fernsehen	nicht	2,63	2,76	3,34	3,10
	wenig	2,83	2,71	3,30	3,37
	täglich	3,26	2,35	3,22	3,42
Nutzung privates Fernsehen	nicht	2,75	2,59	3,25	3,30
	wenig	2,99	2,61	3,27	3,38
	täglich	3,23	2,44	3,34	3,31
Nutzung Regionalzeitung	nicht	2,75	2,66	3,31	3,25
	wenig	3,01	2,67	3,15	3,27
	täglich	3,35	2,20	3,46	3,57
Nutzung nicht-journalistischer Onlinequellen[1)]	nicht	2,93	2,44	3,30	3,22
	wenig	2,85	2,74	3,12	3,26
	täglich	3,25	2,44	3,39	3,46
gesamt		3,00	2,55	3,28	3,34

[1)] *Index aus der Nutzung von Onlinequellen des RKI, der Regierung, unterstützender Fachleute, unterstützender Laien*

4.4 Handeln in der Nahwelt

Tabelle 21 zeigt die Ergebnisse zum Handeln in der Nahwelt. Nur zwei handlungsbezogene Fragen wurden in allen vier Wellen gestellt. Die meisten anderen Fragen wurden nur einmal abgefragt, sie thematisieren zum jeweiligen Befragungszeitpunkt vorhandene und diskutierte Handlungsoptionen.

Corona war im ganzen Jahr für viele ein häufiges Gesprächsthema: Auf etwa 45 Prozent der Befragten trifft dies zu. Nur im Juli war der Anteil derjenigen, die sich oft über die Krisen unterhielten deutlich geringer (33,2 %). Angesichts der Allgegenwart des Themas kann dabei eher verwundern, dass (je nach Welle) 20 bis 25 Prozent wenig oder sogar gar nicht über das Thema sprechen (Tabelle 21). Unklar ist allerdings, ob die Gesprächsabstinenten nicht über das Thema reden wollten oder schlichtweg keine

Gesprächspartner hatten, denn einige Menschen haben generell wenig soziale Kontakte oder wurden durch die Corona-Maßnahmen sozial isoliert.

Was die Befolgung der Corona-Regeln im Alltag angeht, dominiert eindeutig das Bekenntnis zu deren Beachtung. In allen Wellen behaupteten über 90 Prozent der Befragten, dass sie sich fast immer an die Regeln halten. Insgesamt nur etwa zwei Prozent gaben an, sich wenig oder gar nicht daran zu halten (Tabelle 21). In der ersten Welle haben wir zusätzlich ermittelt, ob das Nicht-Beachten der Regeln auch damit zusammenhängen könnte, dass einige Personen aus beruflichen Gründen sich nicht an die Regeln halten können. Zum damaligen Zeitpunkt traf dies auf ein gutes Viertel der Befragten zumindest teilweise zu. In der vierten Welle haben wir dann die Befragungsteilnehmenden gebeten anzugeben, ob sie „direkten Kontakten mit Menschen wenn möglich aus dem Weg gehen": Nur 11 Prozent tun dies nicht, während fast zwei Drittel der Aussage zustimmen.

Tabelle 21: Interpersonale Kommunikation und Regelbefolgung in der Nahwelt

		16.-20. April	**19.-25. Mai**	**21.-28. Juli**	**4.-10. November**
Ich spreche häufig mit anderen Menschen über Corona.	% Ablehnung	23,8	20,7	28,4	24,2
	% teils/teils	32,0	33,5	38,5	32,8
	% Zustimmung	44,2	45,8	33,2	43,0
	M (Skala: 1-5)	3,28	3,36	3,06	3,23
	n =	1458	1233	1014	822
Ich versuche mich an die aktuellen Regeln zu halten, die verhindern sollen, dass Corona verbreitet wird.	% Ablehnung	1,9	2,3	2,0	2,2
	% teils/teils	5,8	7,1	6,2	4,1
	% Zustimmung	92,3	90,7	91,9	93,7
	M (Skala: 1-5)	4,53	4,50	4,50	4,58
	n =	1458	1233	1014	822
Aus beruflichen Gründen kann ich die Regeln, die verhindern sollen, dass Corona verbreitet wird, oft nicht einhalten.	% Ablehnung	73,3			
	% teils/teils	13,7			
	% Zustimmung	13,0			
	M (Skala: 1-5)	1,87			
	n =	1458			
Ich gehe direkten Kontakten mit Menschen wenn möglich aus dem Weg.	% Ablehnung				11,0
	% teils/teils				23,9
	% Zustimmung				65,1
	M (Skala: 1-5)				3,78
	n =				822

Anmerkung: *Ablehnung (1 = trifft gar nicht zu/ 2 = trifft eher nicht zu); Zustimmung (4 = trifft eher zu/ 5 = trifft voll zu)*

Das Leben in der Pandemie verlangt von den Bürgerinnen und Bürgern Rücksichtnahme und Verantwortungsübernahme durch das Einhalten der Regeln, darüber hinaus können sie durch bürgerschaftliches Engagement auch zur Bewältigung der Krise beitragen. In der ersten Phase der Pandemie zeigten tatsächlich verhältnismäßig viele Menschen eine solche soziale Verantwortung: Jeder Vierte gab während des ersten Lockdowns an, Menschen in seiner Wohngegend Hilfe angeboten zu haben.

Auf der anderen Seite belegen unsere Daten aber auch, dass die im Frühjahr oft beklagten Hamsterkäufe ein durchaus verbreitetes Phänomen waren: Nur jeder zweite Befragte lehnte die Aussage ab, Vorräte angelegt zu haben, ein knappes Fünftel stimmte zu, der Rest äußerte sich neutral. Da hier auch mit Effekten sozialer Erwünschtheit zu rechnen ist, wird das tatsächliche Hamsterverhalten mit diesen Zahlen mit hoher Wahrscheinlichkeit noch unterschätzt.

Tabelle 22: Handeln zwischen Verantwortung und Hedonismus

		16.-20. April	**19.-25. Mai**	**21.-28. Juli**	**4.-10. November**
Ich biete Leuten aus meiner Wohngegend Hilfe an, soweit ich kann.	% Ablehnung	46,2			
	% teils/teils	28,4			
	% Zustimmung	25,4			
	M (Skala: 1-5)	2,63			
	n =	1458			
Ich bzw. mein Haushalt hat Vorräte für die nächste Zeit angelegt.	% Ablehnung	49,7			
	% teils/teils	31,6			
	% Zustimmung	18,7			
	M (Skala: 1-5)	2,54			
	n =	1458			
Ich nutze die vorhandenen Freiräume weitest möglich aus.	% Ablehnung		28,1	26,0	26,7
	% teils/teils		37,5	38,8	33,6
	% Zustimmung		34,4	35,3	39,7
	M (Skala: 1-5)		3,10	3,13	3,20
	n =		1233	1014	822
Ich lebe mein Leben so wie vor der Corona-Pandemie.	% Ablehnung			46,2	55,2
	% teils/teils			33,6	26,3
	% Zustimmung			20,2	18,5
	M (Skala: 1-5)			2,63	2,41
	n =			1014	822

Anmerkung: *Ablehnung (1 = trifft gar nicht zu/ 2 = trifft eher nicht zu); Zustimmung (4 = trifft eher zu/ 5 = trifft voll zu)*

Dass Corona das Leben der Menschen in Deutschland zumindest vorübergehend grundlegend verändert hat, zeigen die Zahlen in der letzten Zeile von Tabelle 22: Selbst im Sommer, als das Pandemiegeschehen in Deutschland weitgehend unter Kontrolle schien, stimmten nur etwa 20 Prozent der Aussage zu, dass sie „wie vor der Corona-Pandemie leben“, im November war der Anteil noch geringer (18,5 %).

Gerade wegen dieser erlebten Einschnitte ins Alltagseben ist der Wunsch bei vielen Personen sehr groß möglichst wenig Abstriche vom „normalen Leben“ zu machen. Dies zeigt sich an der breiten Zustimmung zu der Aussage: „Ich nutze die vorhandenen Freiräume weitest möglich aus.“ Trotz neuer Einschränkungen im November stieg hier der Anteil der Zustimmung zur vierten Welle hin auf fast 40 Prozent (Tabelle 22). Dieser unbekümmerte Umgang breiter Bevölkerungsgruppen mit der Gefahr schaffte günstige Voraussetzungen dafür, dass sich das Virus in der zweiten Infektionswelle schnell und einfach ausbreiten konnte.

4.5 Wahrnehmung der Fernwelt

Im Gegensatz zur Nahwelt, in der direkte Erfahrungen und Gespräche die Wahrnehmung prägen können, können wir uns von der Fernwelt, also den Zuständen und Entwicklungen in Deutschland und der Welt, fast nur medial ein Bild machen (wobei auch hier Gespräche eine Rolle spielen können, wenn uns andere erzählen, was sie aus den Medien erfahren haben).

Tabelle 23 zeigt die Ergebnisse zur Wahrnehmung von Corona in der Fernwelt. Ähnlich wie in der Wahrnehmung der Nahwelt schlägt sich auch hier die Entwicklung der Infektionszahlen unmittelbar nieder: Sank die Wahrnehmung einer sich anbahnenden Gesundheitsgefährdung der Bevölkerung von der ersten bis zur dritten Welle von rund 60 auf etwa 50 Prozent, so stieg diese zur vierten Welle auf über 67 Prozent. Noch drastischer veränderte sich die Einschätzung, ob dem Gesundheitssystem die Bewältigung der Krise gelingen wird: Dachten dies in den ersten drei Befragungswellen noch zwischen 76,7 und 81,5 Prozent, so stürzte die Zustimmung in der vierten Welle auf unter 60 Prozent ab.

Über die Wellen zugenommen hat auch die Zustimmung zu der Aussage, dass eine Corona-Infektion gravierende Spätfolgen haben kann, nach der wir ab der zweiten Welle gefragt haben. In der zweiten Welle wussten gut zwei Drittel der Befragten von diesen Spätfolgen, in der vierten bereits gut drei Viertel.

Eine aus kommunikationswissenschaftlicher Sicht aufschlussreiche Diskrepanz zwischen der Wahrnehmung von Nah- und Fernwelt offenbaren die Antworten auf die Frage zur Einhaltung der Hygieneregeln. Während in der Nahwelt zwei Drittel der Befragten bei ihren Mitbürgern die weitgehende Einhaltung dieser Regeln beobachteten, waren es in der Fernwelt nicht einmal 50 Prozent. Diese Diskrepanz dürfte auf die Darstellung der Medien zurückzuführen zu sein.

Tabelle 23: Wahrnehmung von Corona in der Fernwelt

		16.-20. April	**19.-25. Mai**	**21.-28. Juli**	**4.-10. November**
Durch Corona ist die Gesundheit der Bevölkerung in Deutschland sehr gefährdet.	% Ablehnung	13,0	17,0	18,0	12,2
	% teils/teils	27,6	32,2	32,5	20,6
	% Zustimmung	59,4	50,7	49,5	67,3
	M (Skala: 1-5)	3,70	3,48	3,42	3,80
	n =	1440	1216	997	812
Unseren Ärzten und Krankenhäusern gelingt die Bewältigung von Corona.	% Ablehnung	2,5	2,5	2,3	6,6
	% teils/teils	20,8	16,1	17,3	35,2
	% Zustimmung	76,7	81,5	80,4	58,2
	M (Skala: 1-5)	4,01	4,14	4,11	3,65
	n =	1411	1205	975	779
Eine Corona-Infektion kann schwerwiegende Spätfolgen nach sich ziehen.	% Ablehnung		8,8	7,2	6,0
	% teils/teils		22,5	17,9	16,3
	% Zustimmung		68,7	74,9	77,7
	M (Skala: 1-5)		3,91	4,08	4,20
	n =		1027	907	748
In Deutschland halten sich die meisten an die Hygieneregeln.	% Ablehnung				9,9
	% teils/teils				40,5
	% Zustimmung				49,6
	M (Skala: 1-5)				3,46
	n =				801
Die deutsche Wirtschaft ist stark genug, sich von den Corona-Schäden wieder vollständig zu erholen.	% Ablehnung	17,2	19,0	19,7	22,5
	% teils/teils	37,9	35,4	32,8	37,2
	% Zustimmung	44,8	45,6	47,5	40,3
	M (Skala: 1-5)	3,39	3,35	3,36	3,21
	n =	1398	1184	980	791
Corona stellt vor allem die sozial schwächeren Menschen in Deutschland vor große Probleme.	% Ablehnung	5,2	5,5	7,0	6,2
	% teils/teils	14,2	15,5	14,4	15,7
	% Zustimmung	80,6	79,0	78,5	78,1
	M (Skala: 1-5)	4,24	4,18	4,13	4,14
	n =	1432	1210	983	802
Die Maßnahmen gegen die Ausbreitung von Corona schränken die Grundrechte in Deutschland stark ein.	% Ablehnung	20,4	29,1	35,9	33,4
	% teils/teils	31,8	30,7	35,6	30,4
	% Zustimmung	47,8	40,2	28,6	36,2
	M (Skala: 1-5)	3,44	3,20	2,90	3,06
	n =	1445	1221	999	816

***Anmerkung:** Ablehnung (1 = trifft gar nicht zu/ 2 = trifft eher nicht zu); Zustimmung (4 = trifft eher zu/ 5 = trifft voll zu)*

Während also die gesundheitliche Situation im November dramatischer wahrgenommen wird als im Frühjahr, sehen die Menschen die wirtschaftliche Situation die ganze Zeit über relativ entspannt. Die Zustimmung zur Erwartung einer vollständigen Erholung der Wirtschaft nach der Krise sank zwar ebenfalls zur vierten Welle, aber im Vergleich nur moderat von 47,5 auf 40,3 Prozent. Ein Grund dafür dürfte sein, dass zumindest die Makroindikatoren der wirtschaftlichen Entwicklung (Exporte, Importe, Beschäftigung Dax) eine gewisse Erholung der Wirtschaft anzeigten.

So gut wie unberührt vom Auf und Ab der Infektionszahlen und von den eingangs dokumentierten Entwicklungen der verschiedenen sozioökonomischen Indikatoren ist die Wahrnehmung, dass vor allem sozial schwächere Menschen durch Corona Probleme haben. Die Zustimmung ist in allen Wellen hoch (um die 80 %) und sinkt über die Zeit nur geringfügig. Es ist sicherlich überraschend, dass die Wahrnehmung der sozialen Probleme der Krisenaspekt ist, bei dem unter den Befragten die größte Übereinstimmung herrscht, zumal nur relativ wenige eine ganz existenzielle soziale Bedrohung für sich erkannten (vgl. Kapitel 4.1) und auch in den Medien dieses Thema nur nachrangig behandelt wurde (vgl. Kapitel 1.3). Weder die Gesundheitskrise noch die ökonomische oder die politische Krise werden so übereinstimmend als problematisch wahrgenommen.

Im Vergleich zu den anderen Krisendimensionen wurde die politische Krise von weniger Menschen als schwerwiegend erlebt. Zudem reagierten die Bürgerinnen und Bürger hinsichtlich dieser Krise deutlicher auf die unterschiedlichen realen Bedingungen. Die Lockdown-bedingten Einschränkungen schlagen sich entsprechend in der bereits bekannten Kurvenform nieder: Eine starke Einschränkung der Grundrechte sehen im April noch knapp 48 Prozent. Der Wert sinkt bis Ende Juli auf knapp 29 Prozent, um dann im November wieder auf 36,2 Prozent zu steigen.

Neben dem oben bereits diskutierten Item zur Wahrnehmung der Einhaltung der Corona-Regeln, das sowohl mit Bezug auf die Nahwelt als auch mit Bezug auf die Fernwelt erhoben wurde, sind noch zwei weitere Items soweit ähnlich formuliert worden, dass ein Vergleich möglich ist (Abbildung 10 und Abbildung 11). Abbildung 10 zeigt, dass die Wahrnehmung der Gefahr für nahestehende Personen sich nahezu vollständig mit der Wahrnehmung der Gefahr für die deutsche Bevölkerung deckt, während im Vergleich dazu (wie bereits oben gesehen) die eigene Gefährdung deutlich schwächer eingeschätzt wird. Vom Verlauf sind jedoch alle drei Kurven sehr ähnlich. Die zwei fast deckungsgleichen Kurven lassen zwei Interpretationen zu, die Stoff für künftige Forschungen liefern:

- Entweder beeinflusst das medial vermittelte Bild von der Situation im Land die Wahrnehmung auch des nächsten Umfelds.

- Oder die Wahrnehmung der Situation im sozialen Umfeld wird auf die Situation im Land extrapoliert.

Einige der oben diskutierten Befunde sprechen dafür, dass die Menschen eher dazu neigen das mediale vermittelte Bild auf die Nahwelt zu übertragen, es kann aber durchaus sein, dass dies zwischen den verschiedenen Krisenfeldern variiert.

Abbildung 10: Wahrnehmung der Gesundheitsgefahr in Nah- und Fernwelt (Mittelwerte)

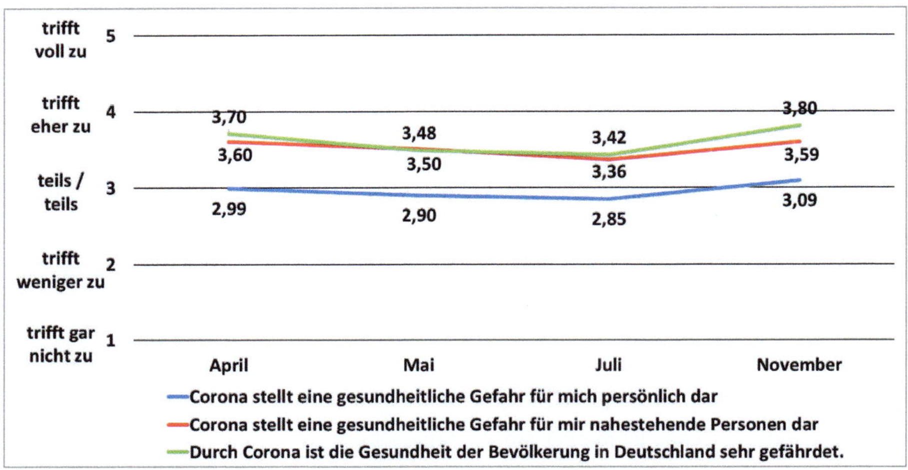

Völlig parallele Verläufe finden sich auch für die Wahrnehmung der Einschränkung von Grundrechten (Abbildung 11), wobei anders als bei der Ansteckungsgefahr das Problem auf nationaler Ebene stärker wahrgenommen wird als in der Nahwelt. Da wir für die Nahwelt nach den „Einschränkungen am Wohnort“ gefragt haben und nicht nach individuell vom Befragten wahrgenommenen Einschränkungen, ist hier keine Differenzierung nach Individuum und persönlichem Umfeld möglich.

Dass in dem einem Fall (gesundheitliche Gefährdung) kaum Unterschiede zwischen Nah- und Fernwelt festzustellen sind, während im anderen Fall (politische Einschränkungen) deutliche Diskrepanzen existieren, lässt sich nur schwer auf die unterschiedliche Wahrnehmbarkeit der Probleme in der Nahwelt zurückführen. In beiden Fällen hatten die Befragten angegeben nur wenige Beobachtungen gemacht zu haben: Weder die Zahl der Infektionen noch die Proteste gegen die Grundrechtseinschränkungen waren in der Nahwelt von größerer Bedeutung. Erklärbar sind die Unterschiede ggfs. dadurch, dass die direkte Wahrnehmung der Gesundheitssituation für die Befragten kaum möglich war. Vielmehr mussten sie sich bei der Einschätzung der gesundheitlichen Bedrohungslage auf wissenschaftliche Expertise verlassen und zwar sowohl in der Nah- als auch in der Fernwelt. Sie haben beide Welten praktisch durch die Brille der Wissenschaft betrachtet, wodurch sie sich ähnelten. Im Falle der Grundrechtseinschränkungen konnten sie ihr eigenes Erleben von den medial vermittelten Eindrücken leichter trennen.

Abbildung 11: Wahrnehmung der Grundrechtseinschränkungen in Nah- und Fernwelt (Mittelwerte)

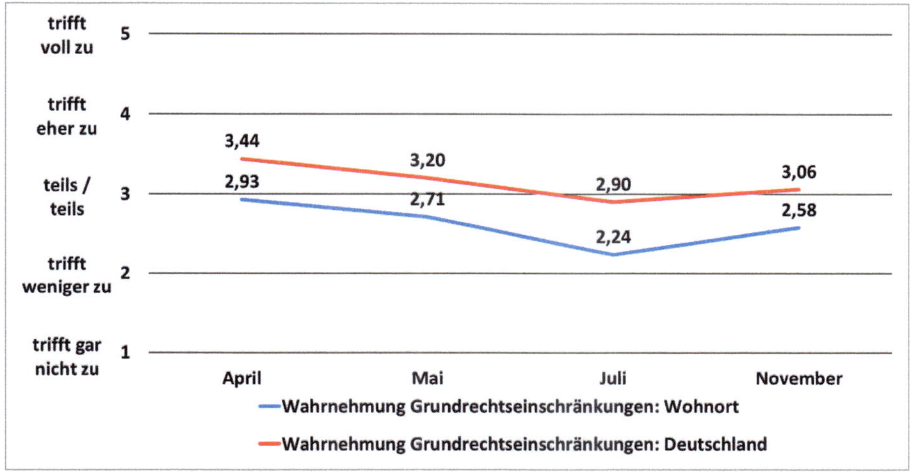

4.6 Emotionen in Bezug auf die Fernwelt

Mit Bezug auf die Fernwelt wurde vor allem die Sorgen der Menschen erfragt. Darüber hinaus beziehen sich zwei Indikatoren auf den Ärger der Leute über die Situation im Land und das Verhalten der Mitmenschen und zwei Fragen sprechen die Hoffnungen der Bürger:innen an (Tabelle 24).

Die gesundheitsbezogenen Sorgen wurden zum einen mit Bezug auf die gesamte Bevölkerung erfragt und zum anderen mit Blick auf das für die Corona-Bekämpfung besonders wichtige medizinische Personal. Dabei zeigt sich zum einen, dass die Sorge um das medizinische Personal größer war als die Sorge um die Bevölkerung insgesamt. Zum anderen ist klar zu erkennen, dass die Sorge bei beiden Indikatoren auf den Verlauf der Pandemie regierte. Sie war zunächst hoch, sank dann etwas und stieg im November wieder an. Die Ausschläge waren hinsichtlich der Sorge um die Gesamtbevölkerung deutlich ausgeprägter. Vor allem war der Anstieg im November auf über 55 Prozent wesentlich stärker als beim medizinischen Personal. Dort verblieb die Sorge durchgängig auf sehr hohem Niveau.

Tabelle 24: Negative emotionale Bezüge auf Corona in der Fernwelt

		16.-20. April	**19.-25. Mai**	**21.-28. Juli**	**4.-10. November**
Ich habe Angst, dass sich viele Menschen in Deutschland anstecken werden.	% Ablehnung	27,1	34,0	31,5	20,0
	% teils/teils	27,3	28,0	30,1	24,4
	% Zustimmung	45,6	38,0	38,4	55,6
	M (Skala: 1-5)	3,25	3,06	3,08	3,51
	n =	1458	1217	996	816
Ich sorge mich um jene Menschen, die für die Corona-Bekämpfung wichtig sind.	% Ablehnung	10,4	12,4	14,9	10,8
	% teils/teils	21,5	24,5	27,5	21,2
	% Zustimmung	68,2	63,0	57,5	68,0
	M (Skala: 1-5)	3,86	3,71	3,59	3,81
	n =	1438	1207	986	803
Ich bin verärgert, dass die Menschen in Deutschland viele Dinge nicht machen dürfen, die sie sonst machen.	% Ablehnung	66,7	61,0	67,3	63,7
	% teils/teils	17,2	18.5	16,7	16,3
	% Zustimmung	16,2	20,6	16,0	19,9
	M (Skala: 1-5)	2,20	2,39	2,20	2,32
	n =	1446	1221	1002	815
Ich bin ärgerlich über das Verhalten von Menschen in Deutschland.	% Ablehnung	18,4	14,5	11,7	9,2
	% teils/teils	38,4	34,9	34,8	38,5
	% Zustimmung	43,2	50,6	53,6	52,3
	M (Skala: 1-5)	3,38	3,54	3,60	3,63
	n =	1441	1221	1001	817
Ich bin besorgt, dass zu viel auf einmal gelockert wird.	% Ablehnung		26,0	25,3	
	% teils/teils		23,2	23,7	
	% Zustimmung		50,8	51,0	
	M (Skala: 1-5)		3,37	3,35	
	n =		1222	1001	
Ich bin besorgt, dass es in Deutschland zu einer zweiten Infektionswelle kommen könnte.	% Ablehnung			16,4	
	% teils/teils			20,2	
	% Zustimmung			63,4	
	M (Skala: 1-5)			3,69	
	n =			999	
Ich bin besorgt, dass das Infektionsgeschehen in Deutschland außer Kontrolle gerät.	% Ablehnung				24,9
	% teils/teils				24,7
	% Zustimmung				50,3
	M (Skala: 1-5)				3,38
	n =				809
Ich fürchte, dass es in Deutschland zu einer zunehmenden politischen Radikalisierung kommt.	% Ablehnung				17,0
	% teils/teils				30,2
	% Zustimmung				52,8
	M (Skala: 1-5)				3,51
	n =				759

Anmerkung: *Ablehnung (1 = trifft gar nicht zu/ 2 = trifft eher nicht zu); Zustimmung (4 = trifft eher zu/ 5 = trifft voll zu)*

Nur geringe Schwankungen über die Zeit zeigt dagegen der Ärger über die Einschränkungen der Freiheit. Hier geben jeweils zwischen 16 und 20 Prozent der Bevölkerung an, einen solchen Ärger zu empfinden. Zudem lässt sich auch keine Tendenz bei den Antworten erkennen. Unabhängig davon, ob es viele oder wenige Einschränkungen gab, schwankte der Anteil der Personen, die diesen Ärger empfanden, nur leicht.

Deutlich stärker verbreitet ist der Ärger über das Verhalten der Mitmenschen. Ab der zweiten Welle empfindet über die Hälfte der Bevölkerung einen solchen Ärger. Einschränkend ist allerdings zu sagen, dass die Frageformulierung offenließ, über welches Verhalten der Mitmenschen sich die Befragten ärgerten. Möglicherweise haben hier also auch Maßnahmengegner zugestimmt, die sich über Maskenträger oder Mahner in ihrem Umfeld ärgerten.

Einige weitere emotionale Reaktionen haben wir nur in einzelnen Wellen abgefragt, weil diese entweder vorher noch nicht oder danach nicht mehr relevant erschienen. Fast zwei Drittel machten sich Ende Juli Sorgen wegen einer zweiten Infektionswelle, die Hälfte fürchtete, dass die Lockerungen im Sommer zu weit gingen. Im November machte sich jeder zweite Befragte Sorgen, dass das Infektionsgeschehen in Deutschland außer Kontrolle geraten könnte, je ein Viertel waren unentschieden oder machten sich keine Sorgen. Insgesamt lässt sich sagen, dass eine deutliche Mehrheit der Bevölkerung die Krise auch als solche erkannt hat und sich entsprechend auch emotional in einem Krisenmodus befand (Tabelle 24).

Auch die politische Krise ist für sehr viele Anlass zur Sorge. Während sich zwar nur vergleichsweise wenige über die Einschränkungen ärgern, fürchtet im November die Hälfte der Befragten, dass es in Deutschland zu einer zunehmenden politischen Radikalisierung kommt, nur 17 Prozent sehen diese Gefahr nicht. Auffällig sind die Unterschiede in den beiden Fragen, die wir mit Bezug auf die Zukunftshoffnungen der Menschen gestellt haben. Die Hoffnung, dass Corona in Deutschland bald kein Problem mehr sein wird, sinkt über die Wellen von drei Fünftel auf zwei Fünftel der Bevölkerung (Tabelle 25). Die ab Welle 3 aufgenommene Frage zur Hoffnung, „dass das Leben in Deutschland bald wieder so sein wird wie vor Corona“, findet dagegen Zustimmung bei drei Vierteln der Bevölkerung. Das Zukunftsbild ist also durchaus differenziert: Immer mehr Menschen nehmen an, dass uns Corona noch lange begleiten wird, gleichzeitig hoffen viele darauf, bald wieder leben zu können wie früher. Möglicherweise spielt hier die Erwartung an Impfungen eine Rolle. Schon im April wurde von ersten Tests neu entwickelter Vaccine in den Medien berichtet und Anfang November wurden Erfolgsmeldungen über die hohe Wirksamkeit der Impfstoffe verbreitet (vgl. Kapitel 1.2)

Tabelle 25: Positive emotionale Bezüge auf Corona in der Fernwelt

		16.-20. April	19.-25. Mai	21.-28. Juli	4.-10. November
Ich habe die Hoffnung, dass Corona in Deutschland bald kein Problem mehr sein wird.	% Ablehnung	14,7	17,1	19,4	33,4
	% teils/teils	23,6	25,2	29,2	25,9
	% Zustimmung	61,8	57,7	51,4	40,7
	M (Skala: 1-5)	3.70	3,59	3,44	3,12
	n =	1439	1216	995	812
Ich hoffe, dass das Leben in Deutschland bald wieder so sein wird wie vor Corona.	% Ablehnung			6,7	7,6
	% teils/teils			18,8	16,4
	% Zustimmung			74,5	76,0
	M (Skala: 1-5)			4.03	4.08
	n =			994	814

Anmerkung: *Ablehnung (1 = trifft gar nicht zu/ 2 = trifft eher nicht zu); Zustimmung (4 = trifft eher zu/ 5 = trifft voll zu)*

Vergleicht man nun die emotionalen Reaktionen in Bezug auf die Fernwelt mit denen im Kontext der Nahwelt so zeigen sich zunächst Parallelen in Bezug auf die gesundheitliche Situation. Die Entwicklung über die Wellen folgt der Entwicklung der Infektionszahlen und bildet so eine U-förmige Kurve (Abbildung 12).

Abbildung 12: Angst vor Ansteckung in Nah- und Fernwelt (Mittelwerte)

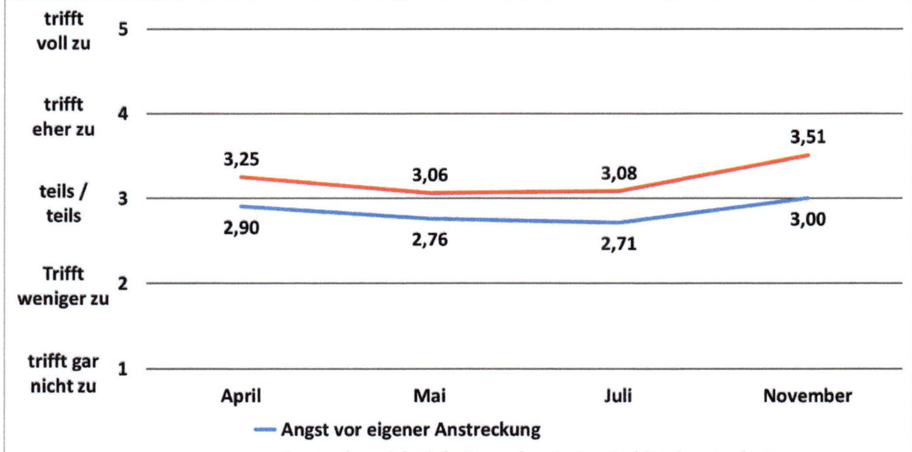

Bemerkenswert ist in diesem Zusammenhang, dass nicht nur die *Wahrnehmung* der Gefahr in der Fernwelt ausgeprägter ist, sondern dass auch die Angst um die Menschen in der Fernwelt größer ist als um die eigene Person. Daran wird sehr deutlich, dass „Angst" in diesem Zusammenhang ganz offensichtlich stark kognitiv geprägt ist. Wer Angst bekundet, meint damit vermutlich keine heftigen emotionalen Reaktionen, sondern die rationale Einschätzung, dass eine Entwicklung beängstigende Folgen haben könnte.

Eine zweite Emotion, bei der sich Nahwelt und Fernwelt vergleichen lassen ist die Hoffnung auf Verbesserung der Lage, die Hoffnung, dass „Corona bald kein Problem mehr sein wird." Wie Abbildung 13 zeigt, entwickelt sich die Hoffnung der Befragten für sich selbst und für das Land absolut parallel. Erst in der vierten Welle im November beginnen die Menschen, für das Land etwas schwärzer zu sehen als für sich selbst.

Abbildung 13: Hoffnung in Nah- und Fernwelt (Mittelwerte)

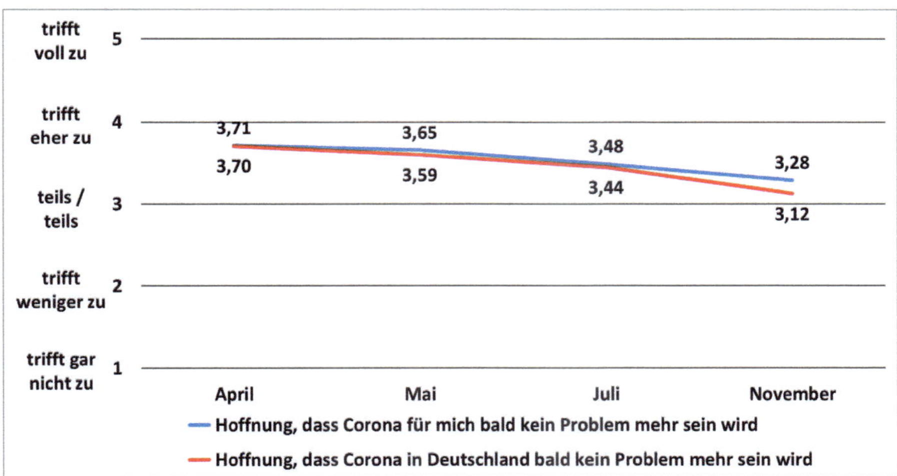

4.7 Wahrnehmung und Beurteilung der Berichterstattung über die Corona-Krisen

Um die Bedeutung der Medien für die Orientierung der Menschen während der Corona-Krise besser nachvollziehen zu können, haben wir erfragt, welche spezifischen Inhalte den Befragten in der Berichterstattung besonders häufig aufgefallen sind und wie sie diese wahrgenommene Schwerpunktsetzung der Medien beurteilen. Zudem haben wir ermittelt, ob die Befragten erleben, dass bestimmte Emotionen in den Medien geäußert werden.

Wahrnehmung des Umfangs der Berichterstattung über die Teilkrisen in den Medien

Tabelle 26 zeigt, wie häufig Informationen zu verschiedenen Aspekten der Krise den Befragungsteilnehmenden in den Medien begegnet sind: Informationen zur Verbreitung des Virus in Deutschland wurden in allen Befragungswellen am häufigsten wahrgenommen. In der ersten Welle gab rund die Hälfte der Befragten an, dass ihnen solche Informationen sehr häufig in den Medien begegnet sind. Als im Sommer die Infektionszahlen sanken, verringerte sich in der Wahrnehmung der Befragten auch die Intensität der Berichterstattung darüber: So gaben im Mai nur noch ca. 40 Prozent der Befragten an, dem Thema sehr häufig in den Medien zu begegnen. Im Juli lag dieser Anteil nur noch bei 26,4 Prozent. Auch in der letzten Befragungswelle im Herbst folgte die mediale Wahrnehmung zur Verbreitung des Virus dem Pandemieverlauf: 47,2 Prozent der Befragten begegneten dem Thema nun wieder sehr häufig.

Tabelle 26: Wahrnehmung der Teilkrisen in den Medien

Informationen sind mir in den Medien begegnet…		**16.-20. April**	**19.-25. Mai**	**21.-28. Juli**	**4.-10. November**
zur Verbreitung von Corona in Deutschland.	% nie/selten	3,0	3,7	8,6	3,2
	% ab und zu	13,5	17,7	24,4	14,4
	% eher häufig	33,6	37,7	40,6	35,3
	% sehr häufig	49,9	40,9	26,4	47,2
	n =	1421	1176	941	778
zur Situation in Arztpraxen und Krankenhäusern in Deutschland.	% nie/selten	12,5	19,0	33,4	17,2
	% ab und zu	32,4	42,6	42,4	39,7
	% eher häufig	36,9	28,3	18,0	32,5
	% sehr häufig	18,2	10,1	6,3	10,6
	n =	1421	1176	941	778
zu den Folgen der Corona-Maßnahmen für die Wirtschaft in Deutschland.	% nie/selten	7,0	6,7	11,2	12,2
	% ab und zu	25,7	26,7	30,9	34,5
	% eher häufig	41,1	41,4	40,4	38,4
	% sehr häufig	26,2	24,9	17,5	15,0
	n =	1421	1176	941	778
zu den momentanen Einschränkungen der Grundrechte in Deutschland.	% nie/selten	11,3	10,2	20,2	13,0
	% ab und zu	26,6	30,9	41,1	31,1
	% eher häufig	38,3	37,6	28,9	37,0
	% sehr häufig	23,8	21,3	9,8	18,8
	n =	1421	1176	941	778
zu den Folgen von Corona für sozial schwächere Menschen in Deutschland.	% nie/selten	33,6	36,1	41,8	50,9
	% ab und zu	34,2	37,0	36,7	30,0
	% eher häufig	22,7	19,8	15,9	13,8
	% sehr häufig	9,6	7,1	5,6	5,3
	n =	1421	1176	941	778

Anmerkung: *nie/selten = Skalenpunkte 1 und 2; ab und zu = Skalenpunkt 3; eher häufig = Skalenpunkt 4; sehr häufig = Skalenpunkt 5.*

Einen ähnlichen Verlauf – wenn auch auf deutlich niedrigerem Niveau – zeigt der zweite gesundheitsbezogene Indikator, die wahrgenommene Intensität der Berichterstattung über die Situation in Arztpraxen und Krankenhäusern: Im April war dies ein sehr präsentes Thema für jeden fünften Rezipienten. Dann sank der Anteil kontinuierlich auf 6,3 Prozent im Juli. Mit der zweiten Infektionswelle im November nahm die Wahrnehmung des Themas in den Medien dann aber wieder zu auf etwas über 10 Prozent. Die Auswertung der Nexis-Daten (Abbildung 7) hatte auch gezeigt, dass der Umfang der gesundheitsbezogenen Corona-Berichterstattung im Herbst wieder anstieg, ohne jedoch das Niveau der ersten Monate zu erreichen. Somit spiegelt sich die tatsächliche Entwicklung der Berichterstattung in der aggregierten Wahrnehmung der Bevölkerung.

Als sehr präsent wurde auch die Berichterstattung über die Folgen der Maßnahmen für die Wirtschaft wahrgenommen. Das Thema begegnete mehr als zwei Dritteln der Befragten im April und Mai häufig (eher häufig und sehr häufig zusammen). Dieser Anteil sank erst im Juli auf rund 58 Prozent und reduzierte sich im November weiter auf 53,4 Prozent. Hier war somit kein Anstieg im November zu verzeichnen. Mit der zunehmenden Entspannung der gesamtwirtschaftlichen Lage (siehe Indikatoren in Abbildung 4, 5 und 6 in Kapitel 1.2) war dieser Themenaspekt auch für die Medien weniger relevant. Auch die Auswertung der Berichterstattung (Abbildung 7) hat im Unterschied zu den gesundheitlichen Themenaspekten bei den ökonomiebezogenen Beiträgen nur einen geringen Anstieg ergeben.

Eine große Medienbeachtung fand nach Einschätzung der meisten Bürger:innen ebenfalls das Thema „Einschränkungen der Grundrechte durch die Corona-Maßnahmen“. Eine klare Mehrheit (im April 62,1 % und im Mai 58,9 %) beobachtete solche Beiträge häufig. Im Juli sank dieser Wert jedoch um mehr als 20 Prozentpunkte auf 38,7 Prozent. Im November nahmen die Werte dann aber wieder auf knapp 56 Prozent zu. Tatsächlich hat auch die Analyse der Nexis-Daten gezeigt (Abbildung 7), dass der Umfang der politikbezogenen Corona-Berichterstattung vor der vierten Befragungswelle deutlich angezogen hat.

Im Vergleich zu den zuvor genannten Themen begegneten den Befragten Informationen zu den Konsequenzen der Pandemie für sozial schwächere Personen deutlich seltener. Schon in der ersten Befragungswelle waren es nur 32,3 Prozent der Befragten, die häufig über die damit verbundenen Probleme in den Medien erfuhren; dieser Wert sank kontinuierlich in den folgenden Befragungswellen auf unter 20 Prozent. Im November gaben über 50 Prozent an, selten oder nie Informationen zu dem Thema zu erhalten. Die soziale Krise und die Wirtschaftskrise sind damit die beiden Teilkrisen, deren wahrgenommene Medienpräsenz im November nicht wieder anstieg. Die Wahrnehmungen der Befragten decken sich in bemerkenswerter Weise mit den Ergebnissen der Nexis-Analyse (Abbildung 7).

Wahrnehmung des Umfangs ausgewählter Debatten im Kontext der Corona-Krisen in den Medien

Im Verlauf der Pandemie traten auch weitere Themen auf die politische und mediale Agenda, wie z.B. die Demonstrationen gegen die Corona-Maßnahmen oder die Spätfolgen von Corona. Um diese Debatten zu berücksichtigen, haben wir jeweils auch die Wahrnehmung der Berichterstattungsintensität zu diesen Themen in den späteren Befragungswellen untersucht (Tabelle 27).

Im Mai begegneten etwa der Hälfte der Befragten Informationen zu Protesten gegen die Corona-Maßnahmen eher häufig oder sehr häufig. Dieser Anteil sank im Juli deutlich (27,3 %) und stieg im November wieder an (37,9 %) – auch bei diesem Aspekt ist zu erkennen, dass die Menschen durchaus ein Gespür dafür haben, welche Themen mehr und welche weniger Beachtung in den Medien erfahren. Die stärkere Wahrnehmung politischer Proteste spiegelt die tatsächlich erhöhte Protestaktivität, die ab August zu verzeichnen war und die von den Medien dokumentiert wurde.

Deutlich seltener wurden Informationen zu den Spätfolgen einer Corona-Infektion in den Medien wahrgenommen: Im Mai begegneten entsprechende Informationen 18,5 Prozent der Befragten eher häufig oder sehr häufig, im Juli waren es 21,7 Prozent und im November 19,2 Prozent. Eine klare Tendenz war hier nicht zu erkennen.

Die Wahrnehmung der Berichterstattung über das Thema Maskenpflicht wurde erstmals im Juli erhoben. Das Thema Maskenpflicht hatte nach Einschätzung sehr vieler Menschen sowohl im Juli als auch im November eine hohe Medienpräsenz. Im Juli sagten nahezu 70 Prozent, dass darüber häufig (eher häufig oder sehr häufig) berichtet werde, im November sogar rund 80 Prozent. Alle anderen Themen wurden nur in einer Befragungswelle – entweder im Juli oder im November – erhoben. Im Juli nahm etwas mehr als der Hälfte der Befragten Berichte über die Lockerungsmaßnahmen häufig in den Medien wahr. Zum selben Zeitpunkt hatten 43 Prozent der Bürger:innen den Eindruck, dass die Medien Informationen zu den Gefahren einer zweiten Infektionswelle häufig verbreiten. Fast identisch (42 %) war der Anteil derjenigen, die häufig auf Informationen zur Corona-App stießen.

Im November waren nach Einschätzung von 44,4 Prozent der Befragten Informationen zu Verstößen gegen die Hygienemaßnahmen ein häufiges Medienthema. Vergleichsweise seltener ist den Befragten die Forderung begegnet, die Parlamente stärker in die Entscheidungen zur Corona-Politik einzubeziehen – rund 41 Prozent haben diese Diskussion nie oder selten in der Berichterstattung wahrgenommen.

Tabelle 27: Wahrnehmung von Debatten im Kontext der Corona-Krisen in den Medien

Informationen sind mir in den Medien begegnet...		**16.-20. April**	**19.-25. Mai**	**21.-28. Juli**	**4.-10. November**
zu Protesten gegen die Corona-Maßnahmen.	% nie/selten		16,5	28,5	17,2
	% ab und zu		34,5	44,2	44,9
	% eher häufig		35,9	22,5	29,8
	% sehr häufig		13,1	4,8	8,1
	n =		1176	941	778
zu den Spätfolgen einer Corona-Infektion.	% nie/selten		48,3	41,4	37,7
	% ab und zu		33,3	37,0	43,1
	% eher häufig		13,5	17,7	15,2
	% sehr häufig		5,0	4,0	4,0
	n =		1176	941	778
zur Maskenpflicht.	% nie/selten			6,3	2,6
	% ab und zu			25,1	17,3
	% eher häufig			41,0	43,4
	% sehr häufig			27,5	36,7
	n =			941	778
zu den eingeleiteten Lockerungsmaßnahmen.	% nie/selten			8,9	
	% ab und zu			38,1	
	% eher häufig			40,3	
	% sehr häufig			12,7	
	n =			941	
zur Corona-App.	% nie/selten			22,4	
	% ab und zu			35,8	
	% eher häufig			30,7	
	% sehr häufig			11,1	
	n =			941	
zu den Gefahren einer zweiten Infektionswelle.	% nie/selten			19,3	
	% ab und zu			37,7	
	% eher häufig			33,9	
	% sehr häufig			9,1	
	n =			941	
zu Verstößen gegen die Hygienemaßnahmen.	% nie/selten				17,7
	% ab und zu				37,9
	% eher häufig				31,6
	% sehr häufig				12,8
	n =				778
zur Forderung, die Parlamente stärker in die Entscheidungen zur Corona-Politik einzubeziehen.	% nie/selten				40,9
	% ab und zu				36,4
	% eher häufig				17,2
	% sehr häufig				5,5
	n =				778

Anmerkung: *nie/selten = Skalenpunkte 1 und 2; ab und zu = Skalenpunkt 3; eher häufig = Skalenpunkt 4; sehr häufig = Skalenpunkt 5.*

Beurteilung des Umfanges der Berichterstattung über die Corona-Krisen

Neben der Wahrnehmung der Häufigkeit der obengenannten Corona-Themen wurden die Teilnehmenden auch befragt, wie sie den Umfang der Berichterstattung über die Themen beurteilen. Tabelle 28 zeigt, dass der Umfang der Berichterstattung über die meisten Aspekte der Pandemie von der Mehrheit der Befragten für genau richtig gehalten wurde. Unterschiede zwischen den Krisenaspekten findet man aber, wenn man sich anschaut, ob die Menschen den Eindruck haben, dass zu viel oder zu wenig berichtet wird. Während beispielweise über die Verbreitung des Virus nach Einschätzung der Menschen eher zu viel informiert wird, wird über die Situation in den Krankenhäusern tendenziell zu wenig berichtet. Bei der Wirtschaftsberichterstattung und bei der Berichterstattung über die politische Krise (Einschränkung der Grundrechte) gehen die Meinung auseinander. Es gibt bei beiden Themen größere Gruppen, die für mehr oder für weniger Berichterstattung plädieren.

Tabelle 28: Beurteilung des Umfangs der Berichterstattung über die Teilkrisen in den Medien

Den Umfang der Berichterstattung über...		16.-20. April	19.-25. Mai	21.-28. Juli	4.-10. November
die Verbreitung von Corona in Deutschland finde ich	% zu gering	4,5	5,2	8,1	3,2
	% genau richtig	63,8	65,3	72,3	67,8
	% zu viel	31,7	29,5	19,6	28,9
	n =	1375	1129	902	758
die Situation in Arztpraxen und Krankenhäusern in Deutschland finde ich	% zu gering	26,5	30,8	35,0	34,2
	% genau richtig	63,0	60,8	58,5	57,4
	% zu viel	10,4	8,4	6,5	8,4
	n =	1331	1106	873	735
die Folgen der Corona-Maßnahmen für die Wirtschaft in Deutschland finde ich	% zu gering	21,3	20,2	19,9	27,5
	% genau richtig	57,3	55,7	59,4	56,7
	% zu viel	21,5	24,1	20,6	15,8
	n =	1322	1093	877	728
die momentanen Einschränkungen der Grundrechte in Deutschland finde ich	% zu gering	15,1	13,4	12,5	16,3
	% genau richtig	66,0	63,7	69,6	62,7
	% zu viel	18,8	22,9	17,9	21,0
	n =	1328	1117	894	741
die Folgen von Corona für sozial schwächere Menschen in Deutschland finde ich	% zu gering	55,1	56,7	54,3	60,6
	% genau richtig	35,0	33,1	34,6	31,3
	% zu viel	9,9	10,2	11,1	8,1
	n =	1311	1095	874	721

Anmerkung: *zu gering = Skalenpunkt 1; genau richtig = Skalenpunkt 2; zu viel = Skalenpunkt 3.*

Völlig anders ist hingegen die Wahrnehmung der Berichterstattung über die Folgen von Corona für sozial schwächere Menschen in Deutschland. In allen vier Befragungswellen gaben immer deutlich mehr als die Hälfte (mit einem Höhepunkt von 60,6 Prozent im November) an, dass die Berichterstattung über die Folgen für sozial schwächere Menschen im Land zu gering ist.

Auch bei den Themen, die erst im weiteren Pandemieverlauf auf die Agenda traten, haben wir die Befragten die Angemessenheit des Umfangs der Berichterstattung beurteilen lassen (Tabelle 29). Hier zeigt sich ebenfalls bei fast allen Themen, dass der Umfang der Berichterstattung von den meisten als passend bewertet wurde. Allerdings gibt es auch hier Ausnahmen: Sowohl im Frühling als auch im Sommer und Herbst wurde die Berichterstattung über die Spätfolgen einer Corona-Infektion von etwa der Hälfte der Bürger:innen als zu gering beurteilt. Deutlich weniger (zwischen 37 % und 44 %) empfanden sie als ausreichend.

Genau entgegengesetzt war die Meinung der Befragten zum Umfang der Berichterstattung über die Proteste gegen die Corona-Maßnahmen: Im Mai fanden 55,6 Prozent, dass zu viel darüber berichtet wurde, und nur knapp 36 Prozent meinten, dass der Umfang genau richtig sei. In den letzten zwei Befragungswellen war die Bewertung etwas positiver. Nun empfand fast die Hälfte den Umfang der Berichterstattung als angemessen, aber weiterhin meinten rund 41 Prozent, dass zu viel berichtet werde.

Bei den Themenaspekten, die nur in einer Befragungswelle adressiert wurden, war die Mehrheit der Befragten ebenfalls mit dem Umfang der Berichterstattung zufrieden (Tabelle 29). Allerdings zeigten sich auch hier einige Unterschiede bei den Präferenzen der Unzufriedenen. Die Darstellung der Diskussionen über die „Maskenpflicht“ und die „Corona-App“ wurde eher als zu umfangreich bewertet, bei den Themen „zweite Infektionswelle“ und „demokratische Legitimierung der Maßnahmen durch die Parlamente“ hätten sich mehr Menschen eine ausführlichere Berichterstattung gewünscht.

Insgesamt wird die Berichterstattung somit zwar überwiegend als angemessen bewertet, es gab aber dennoch einzelne Debattenpunkte, die nach Meinung der Befragten in den Medien unter- oder überbelichtet wurden. Die Antworten sind dabei durchaus differenziert. Es ist keinesfalls so, das beispielsweise Gesundheitsthemen immer häufiger und Politikthemen immer seltener gewünscht werden. Es kommt immer darauf an, um welche Aspekte es geht. Politische Proteste werden beispielsweise nach Einschätzung der Menschen zu viel, die fehlende Parlamentsbeteiligung hingegen zu wenig in den Beiträgen thematisiert.

Tabelle 29: Beurteilung des Umfangs der Berichterstattung über ausgewählter Debatten im Kontext der Corona-Krisen

Den Umfang der Berichterstattung über...		16.-20. April	19.-25. Mai	21.-28. Juli	4.-10. November
die Spätfolgen einer Corona-Infektion finde ich	% zu gering		52,0	48,3	52,6
	% genau richtig		37,4	43,8	41,3
	% zu viel		10,6	7,9	6,2
	n =		978	832	692
die Proteste gegen die Corona-Maßnahmen finde ich	% zu gering		8,5	8,9	9,8
	% genau richtig		35,9	49,5	49,1
	% zu viel		55,6	41,6	41,1
	n =		1062	837	718
die Maskenpflicht finde ich	% zu gering			10,6	8,9
	% genau richtig			71,7	70,3
	% zu viel			17,7	20,8
	n =			909	756
die eingeleiteten Lockerungsmaßnahmen finde ich	% zu gering			12,1	
	% genau richtig			71,6	
	% zu viel			16,3	
	n =			891	
die Corona-App finde ich	% zu gering			11,1	
	% genau richtig			67,2	
	% zu viel			21,7	
	n =			783	
die Gefahren einer zweiten Infektionswelle finde ich	% zu gering			30,0	
	% genau richtig			56,9	
	% zu viel			13,1	
	n =			844	
die Verstöße gegen die Hygienemaßnahmen finde ich	% zu gering				20,0
	% genau richtig				61,6
	% zu viel				18,3
	n =				732
die Forderung, die Parlamente stärker in die Entscheidungen zur Corona-Politik einzubeziehen, finde ich	% zu gering				27,8
	% genau richtig				62,3
	% zu viel				10,0
	n =				615

Anmerkung: *zu gering = Skalenpunkt 1; genau richtig = Skalenpunkt 2; zu viel = Skalenpunkt 3.*

Um der Frage nachzugehen, ob und wie der wahrgenommene Umfang der Berichterstattung über die Teilkrisen damit zusammenhängt, wie die Menschen die Teilkrisen selbst wahrnehmen, haben wir die Antworten auf die entsprechenden Fragen in Tabelle 30 gegenübergestellt. Zusätzlich ist ausgewiesen, ob die Nutzer die Berichterstattung zur Teilkrise als zu intensiv oder als zu gering bewerten. Die in Tabelle 30 in der Zeile „zu viel/wenig" angegebenen Werte zeigen jeweils die Differenz zwischen der Prozentzahl derjenigen an, die finden, dass zu viel berichtet wird und der Prozentzahl derjenigen, die finden, dass zu wenig berichtet wird. Negative Vorzeichen bedeuten somit, dass mehr Befragte meinen, dass zu wenig berichtet wird, positive Vorzeichen, dass zu viel berichtet wird.

Beim ersten gesundheitsbezogenen Themenaspekt lässt sich als Faustformel formulieren, dass der Unterschied in den Prozentwerten zwischen wahrgenommener Häufigkeit der Berichterstattung über den Problemaspekt und der Wahrnehmung des Problemaspekts in der Realität (Fernwelt) in allen Befragungswellen in etwa dem Anteil der Personen entspricht, die die Berichterstattung als zu umfangreich wahrnimmt. So bemerken im April rund 84 Prozent eine häufige Berichterstattung über die Corona-Infektionen, aber nur 59 Prozent nehmen das Problem wahr. Die Differenz beträgt somit 25 Prozentpunkte, was in etwa dem Anteil der Menschen entspricht, die die Berichterstattung als zu umfangreich empfinden (Tabelle 30).

Beim zweiten medizinischen Teilthema ist das Verhältnis nicht so einfach zu beschreiben. Zum einen fällt auf, dass der wahrgenommene Umfang der Berichterstattung zwar zunächst weniger wird, aber trotzdem der Anteil derjenigen, die auch das noch zu viel fanden, anstieg. Erst mit der zweiten Infektionswelle ändert sich dies. Und auch erst während der zweiten Welle verändert sich erstmals die Einschätzung der Realität: Nun war der Anteil derjenigen, die die Gefahr erkannten, dass das Gesundheitssystem überfordert wird, deutlich angestiegen (Tabelle 30).

Beim Wirtschaftsthema ist der Anteil derjenigen, die daran zweifeln, dass sich die Wirtschaft problemlos erholen kann, etwas niedriger als der Anteil derjenigen, die eine häufige Berichterstattung über wirtschaftliche Aspekte der Krise beobachten. Insgesamt führte diese Differenz jedoch nicht dazu, dass die Menschen die Berichterstattung als zu umfangreich wahrnehmen (die Forderungen nach mehr oder weniger Berichterstattung glichen sich die meiste Zeit aus). Genau das Gegenteil geschah dann aber im November: Als der Umfang der Berichterstattung in der Wahrnehmung der Rezipienten weiter zurückging, die wahrgenommene Problematik der Lage aber anstieg, da waren dann doch mehr Menschen der Ansicht, dass zu wenig berichtet wird (-11,7 %).

Bei der politischen Dimension zeigt sich durchgängig, dass die Bürger:innen eine intensive Berichterstattung über die Einschränkung der Grundrechte feststellen, diese in ihrer eigenen Wahrnehmung aber eine deutlich geringere Rolle spielt. Von daher ist es nicht überraschend, dass in allen Befragungswellen auch mehr Bürger:innen den Eindruck hatten, dass darüber zu viel berichtet wird.

Tabelle 30: Wahrnehmung und Bewertung der Teilkrisen in den Medien und deren Wahrnehmung in der Fernwelt

		16.-20. April	**19.-25. Mai**	**21.-28. Juli**	**4.-10. November**
		%	%	%	%
Information zur Verbreitung von Corona in Deutschland in den Medien	häufig*	83,5	78,6	67,0	82,5
	zu viel/wenig**	27,2	24,3	11,5	25,7
Durch Corona ist die Gesundheit der Bevölkerung in Deutschland sehr gefährdet.	Zustimmung ***	59,4	50,7	49,5	67,3
Information zur Situation in Arztpraxen und Krankenhäusern in Deutschland in den Medien	häufig*	55,1	38,4	24,3	43,1
	zu viel/wenig**	-16,1	-22,4	-28,5	-21,8
Unseren Ärzten und Krankenhäusern gelingt die Bewältigung von Corona.	Zustimmung ***	76,7	81,5	80,4	58,2
Information zu den Folgen der Corona-Maßnahmen für die Wirtschaft in Deutschland in den Medien	häufig*	67,3	66,3	57,9	53,4
	zu viel/wenig**	0,2	3,9	0,7	-11,7
Die deutsche Wirtschaft ist stark genug, sich von den Corona-Schäden wieder vollständig zu erholen.	Zustimmung ***	44,8	45,6	47,5	40,3
Information zu den momentanen Einschränkungen der Grundrechte in Deutschland in den Medien	häufig*	62,2	58,9	38,7	55,8
	zu viel/wenig**	3,7	9,5	5,4	4,7
Die Maßnahmen gegen die Ausbreitung von Corona schränken die Grundrechte in Deutschland stark ein.	Zustimmung ***	47,8	40,2	28,6	36,2
Information zu den Folgen von Corona für sozial schwächere Menschen in Deutschland in den Medien	häufig*	32,3	26,9	21,5	19,1
	zu viel/wenig**	-45,2	-46,5	-43,2	-52,5
Corona stellt vor allem die sozial schwächeren Menschen in Deutschland vor große Probleme.	Zustimmung ***	80,6	79,0	78,5	78,1

Anmerkung:
** Informationen sind mir in den Medien begegnet... nie/selten/ab und zu = Werte nicht ausgewiesen; eher häufig/sehr häufig = häufig.*
*** Den Umfang der Berichterstattung über... finde ich... zu gering = negative Vorzeichen; genau richtig = 0; zu viel = positive Vorzeichen.*
**** Skalenpunkte 1, 2 und 3 = Werte nicht ausgewiesen ; Zustimmung = Skalenpunkte 4 und 5 (trifft eher/voll zu)*

Beim letzten Teilaspekt findet sich ein ähnliches Phänomen wie beim ersten, nur mit umgekehrtem Vorzeichen. Die Diskrepanz in den Prozentwerten von wahrgenommener

Berichterstattungsintensität und eigener Wahrnehmung spiegelt sich in dem Prozentwert derjenigen, die der Ausfassung sind, dass über die soziale Dimension zu wenig berichtet wird (Tabelle 30).

4.8 Wahrnehmung von Emotionen in den Medien und sozialen Netzwerken

In den Medien wird jedoch nicht nur über Themen und Themenaspekte berichtet, sondern es kommen auch Personen zu Wort, die ihre Gefühle in Bezug auf die Corona-Krisen zum Ausdruck bringen, dies gilt insbesondere auch für soziale Netzwerke. Dort hat jeder Nutzer die Möglichkeit ohne jeden Filter seinen Ärger, seine Sorgen, aber auch seine Zuversicht zu äußern. Deswegen haben wir die Frage nach den Emotionen nicht auf die journalistischen Medien beschränkt, sondern hier haben wir ganz explizit die sozialen Netzwerke mitberücksichtigt.

Die Wahrnehmung von Gefühlen bei anderen kann auf verschiedene Weisen Auswirkungen auf den Rezipienten haben. Sie kann einerseits Effekte auf dessen Emotionen haben, indem sie ihn in seinen Gefühlen bestärkt oder aber diese in Frage stellt. Andererseits wirken Emotionen aber auch als starker Faktor auf die Handlungsmotivation, weshalb wahrgenommene Emotionen anderer Menschen sich auch auf das Handeln der Rezipient:innen auswirken können.

Über die Wellen hinweg am stärksten wahrgenommen wird der Ärger über die Einschränkung der individuellen Freiheiten der Menschen in Deutschland, wobei Schwankungen zwischen den Wellen zu verzeichnen sind (Tabelle 31 und Tabelle 32). Nehmen im April erst 50 Prozent der Befragten diese Emotionen häufig in den Medien wahr, sind es im Mai dann schon 64 Prozent, im Juli geht der Wert zurück auf etwa 55 Prozent, um dann im November erneut auf rund 60 Prozent zu steigen. Diese Schwankungen sind unter Umständen auf die wechselnde Intensität von entsprechenden Protestaktionen zurückzuführen, die sich dann in emotional gefärbten Äußerungen in der journalistischen Berichterstattung sowie im Austausch darüber in den sozialen Netzwerken wiederfinden.

Über alle Befragungswellen rückläufig ist hingegen die Wahrnehmung von Ärger über das Verhalten von Mitmenschen, das in Medien und sozialen Netzwerken zu beobachten war: Von gut 50 Prozent, die diese Emotion in der ersten Welle häufig in den Medien und sozialen Netzwerken wahrnahmen, geht der Wert auf unter 40 Prozent in der vierten Welle zurück.

Tabelle 31: Wahrnehmung von Corona-Emotionen in den Medien und sozialen Netzwerken (Teil I)

		16.-20. April	**19.-25. Mai**	**21.-28. Juli**	**4.-10. November**
Ärger, dass man viele Dinge nicht machen darf, die man sonst macht	% nie/selten	19,6	12,3	16,7	13,6
	% ab und zu	30,2	23,7	27,8	25,8
	% häufig	50,2	64,0	55,5	60,5
	n =	1352	1140	911	741
Ärger über das Verhalten von Menschen in ihrer Umgebung	% nie/selten	16,8	20,2	21,9	20,4
	% ab und zu	32,7	35,4	32,0	40,7
	% häufig	50,5	44,4	46,1	38,9
	n =	1346	1122	909	732
Angst, sich anzustecken	% nie/selten	21,7	30,7	32,2	31,2
	% ab und zu	33,8	36,7	40,3	38,1
	% häufig	44,5	32,6	27,5	30,7
	n =	1325	1112	875	718
Sorge um nahestehende Personen	% nie/selten	13,7	21,0	28,0	27,1
	% ab und zu	30,4	36,8	35,5	38,6
	% häufig	55,9	42,1	36,5	34,3
	n =	1350	1128	905	737
Hoffnung, dass Corona für sie bald kein Problem mehr sein wird	% nie/selten	20,9	24,8	27,9	35,4
	% ab und zu	31,1	33,8	31,7	32,6
	% häufig	47,9	41,3	40,4	32,0
	n =	1337	1100	893	727

Anmerkung: nie/selten = Skalenpunkte 1 und 2; ab und zu = Skalenpunkt 3; häufig = Skalenpunkt 4 und 5 (eher häufig/ sehr häufig).

Weiterhin fällt auf, dass der im November von den Befragten zum Ausdruck gebrachte Anstieg der eigenen Angst vor Ansteckung sowie der Sorge um andere (Abbildung 14) sich in der Wahrnehmung der von den Medienakteuren geäußerten Gefühle kaum wiederfindet: Die Wahrnehmung, dass Menschen in den Medien ihre Sorge um nahestehende Personen zum Ausdruck bringen, nimmt kontinuierlich über alle Wellen ab, der Rückgang verlangsamt sich nur in der vierten Welle ein wenig (Tabelle 31).

Ähnliches gilt für die Wahrnehmung der von Medienakteuren gezeigten Angst, sich selbst anzustecken: Hier findet sich nach einem Rückgang in den ersten drei Wellen zwar in der vierten Welle eine leichte Zunahme, diese ist jedoch viel geringer als der Anstieg der Angst bei den Befragten selbst (Abbildung 14). Ursache hierfür könnte sein, dass Politiker:innen, Experten und andere Medienakteure versucht haben Darstellungen zu vermeiden, die Angst schüren könnten. Denkbar sind aber auch Abstumpfungseffekte oder Vermeidungseffekte auf Seiten der Rezipienten, die im Sinne des Mood

Managements (Zillmann & Bryant, 1985) sich solchen negativen Emotionen nicht mehr aussetzen wollten.

Abbildung 14: Angst vor Ansteckung in Nahwelt, Fernwelt und in der Medienwahrnehmung (Mittelwerte)

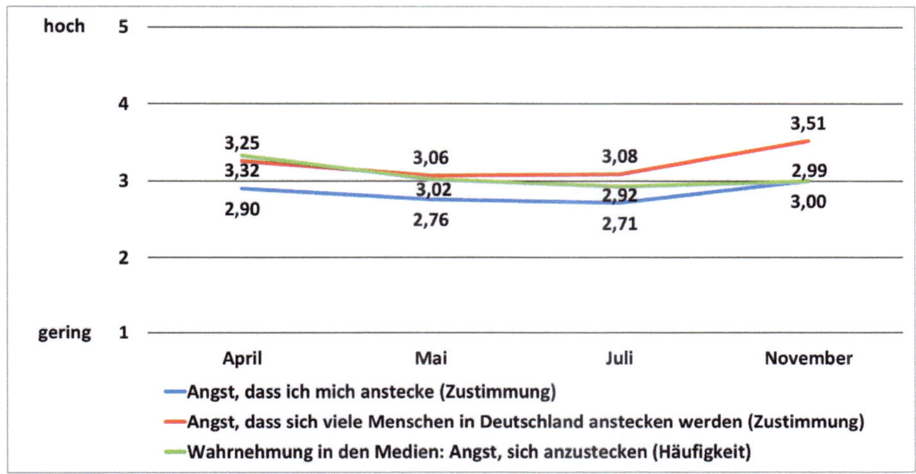

Kontinuierlich zurück geht die Wahrnehmung, dass Akteure in den Medien die Hoffnung auf ein baldiges Ende der Krise bekunden. Der Verlauf ähnelt stark dem Rückgang der Hoffnung bei den Befragten (Abbildung 15).

Abbildung 15: Hoffnung auf Ende der Probleme in Nahwelt, Fernwelt und in der Medienwahrnehmung (Mittelwerte)

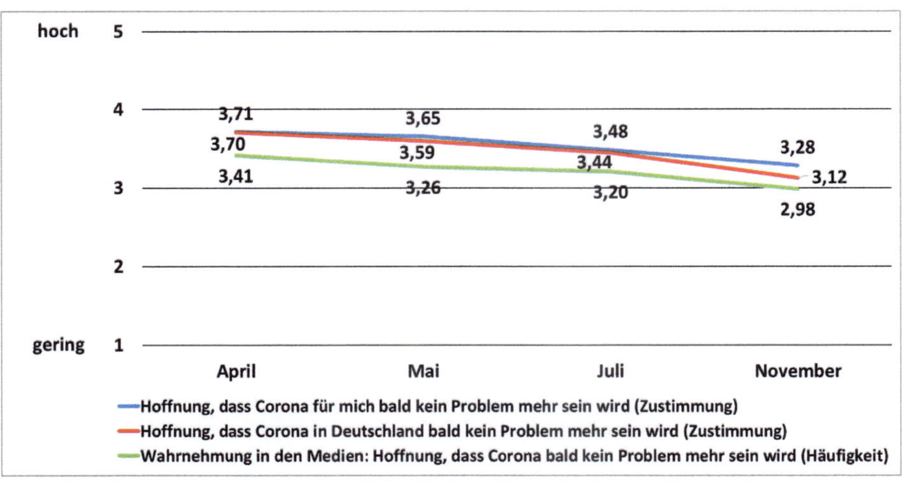

Neben den fünf Emotionen, deren Wahrnehmung in allen vier Befragungswellen abgefragt wurde, haben wir zusätzlich in einigen Befragungswellen auch ermittelt, ob die Teilnehmer:innen weitere situationsbezogene Emotionen in den Medien und sozialen Netzwerken beobachtet haben. Dazu gehört zum Beispiel die Besorgnis darüber, dass zu viel gelockert wird. Diese Sorge haben die Menschen sehr unterschiedlich wahrgenommen: Weniger als ein Drittel der Befragten bemerkte diese Emotionen nie oder selten, jeweils etwas mehr als Drittel beobachteten sie ab und zu oder häufig. Die Anteile änderten sich zwischen den Befragungswellen nur unbedeutend.

Ähnlich heterogen ist auch die Wahrnehmung der öffentlich gezeigten Sorgen, dass das Infektionsgeschehen in Deutschland außer Kontrolle geraten könnte. Die Rezipientengruppe, die diese Emotion nie oder selten in Medien und Netzwerken beobachtete, ist mit rund 25 Prozent am kleinsten. Die Größe der anderen beiden Gruppen ist mit jeweils rund 37 Prozent fast identisch. Da diese Frage nur in der Novemberbefragung gestellt wurde, lassen sich diesbezüglich keine Trends feststellen.

Tabelle 32: Wahrnehmung von Corona-Emotionen in den Medien und sozialen Netzwerken (Teil II)

		16.-20. April	**19.-25. Mai**	**21.-28. Juli**	**4.-10. November**
Besorgnis, dass zu viel auf einmal gelockert wird	% nie/selten		25,9	30,8	
	% ab und zu		36,6	34,1	
	% häufig		37,5	35,1	
	n =		1127	902	
Erschrecken, dass so viele an Verschwörungstheorien über Corona glauben	% nie/selten		23,8	31,7	28,1
	% ab und zu		31,5	32,3	33,5
	% häufig		44,8	36,0	38,4
	n =		1089	878	728
Hoffnung, dass bald alles wieder so sein wird wie vor Corona	% nie/selten			25,5	31,0
	% ab und zu			35,2	33,6
	% häufig			39,2	35,4
	n =			894	726
Sorge, dass das Infektionsgeschehen in Deutschland außer Kontrolle gerät	% nie/selten				25,8
	% ab und zu				37,2
	% häufig				37,0
	n =				724

Anmerkung: *nie/selten= Skalenpunkte 1 u. 2; ab und zu = Skalenpunkt 3; häufig = Skalenpunkte 4 u. 5*

Dass Menschen den Schrecken über die große Verbreitung von Verschwörungstheorien in den Medien und sozialen Netzwerken wahrnahmen, war am stärksten in der zweiten

Befragungswelle festzustellen. Der wahrgenommene Schrecken ging dann im Sommer zurück, um im Herbst wieder etwas anzusteigen.

Ähnlich wie die Hoffnung auf ein baldiges Verschwinden des Problems (Abbildung 15) wurde auch die Hoffnung darauf, dass bald alles wieder so wird wie vor Corona, von den Rezipienten zu einem späteren Zeitpunkt seltener in den Medien und sozialen Netzwerken beobachtet. Diese positiven Zukunftserwartungen wurden von den Befragten immer seltener in der öffentlichen Kommunikation beobachtet, je länger die Krisen dauerten.

Insgesamt sollten die Befunde zur Wahrnehmung von Emotionen in der Berichterstattung vorsichtig interpretiert werden, da die Beantwortung dieser Fragen mit erheblichen kognitiven Anforderungen verbunden ist. Es ist schwer einzuschätzen, ob die Befragten auf diese Fragen valide und reliable Antworten geben können. Zumindest für die Wahrnehmung des Umfangs gibt es aber Hinweise, dass die Menschen dies können und es auch tatsächlich machen. Ein Vergleich mit den Nexis-Daten (Abbildung 7) zeigt, dass die Verläufe der Wahrnehmungen und der Berichterstattungsintensität sich im Aggregat stark ähneln. Von daher scheinen die Menschen solche Entwicklungen in der Berichterstattung tatsächlich wahrzunehmen und in der Lage zu sein, Auskunft über ihre Wahrnehmungen zu geben.

Weitere Analysen mit den Panel-Daten werden zeigen, welche Wechselwirkungen es zwischen den Weltbezügen den Rezipienten in der Nah- und Fernwelt und den Weltbezügen gibt, die sie in den Medien wahrnehmen. Für unser Verständnis von Medienwirkungen sind diese Zusammenhänge höchst bedeutsam.

4.9 Bewertung der medialen Berichterstattung

Zusätzlich zur Wahrnehmung und Beurteilung der Präsenz einzelner Themenaspekte und emotionaler Reaktionen haben wir die Befragten auch gebeten, die Berichterstattung insgesamt zu evaluieren (Tabelle 33). Gemessen haben wir das Vertrauen in die Berichterstattung (Tsfati, 2003), die Themenverdrossenheit (Kuhlmann et al., 2014) in Bezug auf Corona und die Einschätzung, ob Corona andere wichtige Themen der Gegenwart von der medialen Agenda verdrängt hat. Tatsächlich weist die multiple Corona-Krise die Eigenschaften eines Killer- bzw. Leader-Themas auf (Geiß, 2011). Diese verdrängen andere Themen entweder völlig von der medialen Agenda oder absorbieren deren „Eigenständigkeit". Letzteres führt dazu, dass andere Themen nur noch im Zusammenhang mit dem Leader-Thema diskutiert werden.

Beim Vertrauen hatte eine große Mehrheit in den vier Befragungswellen eine positive Meinung zur Berichterstattung: Fast 80 Prozent fanden sie vertrauenswürdig und mehr als Dreiviertel hielten sie für korrekt. Diese Werte veränderten sich im Untersuchungszeitraum kaum. Gleichzeitig sah es aber eine Mehrheit der Rezipienten:innen als kritisch an, dass die Berichterstattung über Corona andere wichtige Themen verdrängte (zwischen 67,4 und 74,3 Prozent in den vier Befragungswellen) und dass sie von anderen politischen Problemen ablenke (über 70 Prozent in allen Befragungswellen).

Tabelle 33: Bewertung der medialen Berichterstattung

Die Berichterstattung über Corona...		**16.-20. April**	**19.-25. Mai**	**21.-28. Juli**	**4.-10. November**
... ist vertrauenswürdig.	% Zustimmung	79,3	77,9	79,7	79,8
	M (Skala: 1-4)	2,92	2,88	2,92	2,90
	n =	1333	1081	867	736
... halte ich für korrekt.	% Zustimmung	78,9	76,1	80,2	78,7
	M (Skala: 1-4)	2,94	2,89	2,96	2,94
	n =	1324	1087	859	724
... verdrängt andere wichtige politische Themen.	% Zustimmung	72,7	74,3	67,4	70,6
	M (Skala: 1-4)	2,98	2,96	2,86	2,94
	n =	1361	1142	902	750
... lenkt von anderen politischen Problemen ab.	% Zustimmung	74,8	76,3	70,7	73,2
	M (Skala: 1-4)	3,00	3,01	2,91	2,99
	n =	1344	1128	894	750
... mag ich nicht mehr hören und sehen.	% Zustimmung	43,1	48,1	43,4	45,0
	M (Skala: 1-4)	2,34	2,49	2,39	2,40
	n =	1369	1136	908	749
... nervt mich.	% Zustimmung	42,6	47,3	39,2	45,0
	M (Skala: 1-4)	2,36	2,47	2,31	2,42
	n =	1390	1152	915	762
... verunsichert mich.	% Zustimmung				29,5
	M (Skala: 1-4)				2,11
	n =				749
... macht mir Angst.	% Zustimmung				35,8
	M (Skala: 1-4)				2,17
	n =				750

***Anmerkung:** Zustimmung (3 = stimme eher zu/ 4 = stimme völlig zu)*

Die Verdrossenheit über das Thema Corona war zu allen Befragungszeitpunkten relativ hoch. Schon im April am Anfang der Pandemie stimmten 42,6 Prozent der Aussage „die Berichterstattung über Corona nervt mich" zu, und 43,1 Prozent wollten schon damals von der Berichterstattung über Corona „nichts mehr hören und sehen". Im Mai nahmen diese Anteile auf 47,3 Prozent bzw. auf 48,1 Prozent zu. Im Juli hingegen sanken diese Werte dann auf 39,2 Prozent bzw. 43,4 Prozent wieder etwas ab, um dann im November wieder etwas anzusteigen (bei beiden Indikatoren auf 45 Prozent). Schon nach relativ kurzer Zeit hatte die intensive Berichterstattung im März/April bei vielen Personen Verdrossenheit hervorgerufen. Die nachfolgenden Schwankungen in der Intensität der Verdrossenheit deuten darauf hin, dass Themenverdrossenheit nachlassen kann, wenn die Intensität der Berichterstattung zurückgeht (vgl. den Kurvenverlauf in Abbildung 7 in Kapitel 1.3: Die Entwicklung der Berichterstattung).

Themenverdrossenheit könnte aber auch Ausdruck einer Abwehrhaltung sein, wenn die vermittelten Inhalte als zu bedrohlich wahrgenommen werden. Dass Bedrohlichkeit tatsächlich für einige Befragte eine Rolle spielte, zeigen Befunde aus der November-Erhebung: In der vierten Befragungswelle wurde ermittelt, ob die Berichterstattung bei den Befragten Unsicherheit und Angst auslöst. Fast 30 Prozent gaben an, dass die Berichterstattung über Corona Unsicherheit verursacht und sogar mehr als 35 Prozent berichteten, dass ihnen die Berichterstattung über Corona Angst macht.

5 Politische Einstellungen und Partizipation

In diesem Kapitel stehen politische und politikbezogene Einstellungen und Handlungen der Bürger:innen in der Corona-Krise im Mittelpunkt. Im ersten und zweiten Unterkapitel schauen wir uns an, wie die Befragten die von der Politik zur Pandemiebewältigung eingeleiteten Corona-Maßnahmen bewerten und wie sie die Berichterstattung darüber wahrnahmen. Im dritten Unterkapitel zeigen wir, wie die Regierungspolitik in der Pandemie insgesamt beurteilt wurde. In dem Zusammenhang wird auch die Einschätzung der Leistungsfähigkeit des föderalen Systems der Bundesrepublik bei der Pandemiebekämpfung untersucht. Im vierten Unterkapitel geht es um die wahrgenommenen Auswirkungen der Krisen auf den gesellschaftlichen Zusammenhalt und die Rolle von Verschwörungstheorien während der Pandemie. Abschließend analysieren wir, wie die Bürger:innen in dieser Zeit politisch partizipierten und sich kommunikativ engagierten.

5.1 Einstellungen zu den Corona-Maßnahmen

Aus der mehr oder weniger dramatischen Wahrnehmung der Lage – wie im 4. Kapitel dokumentiert – können mehr oder weniger kritische Meinungen zu den Maßnahmen der Bundesregierung entstehen. Wie Tabelle 34 zeigt, überwiegt bei den Bürger:innen deutlich die Zustimmung zu den Maßnahmen der Bundesregierung. In allen Befragungswellen findet nur eine Minderheit von deutlich unter 20 Prozent die Bestimmungen zum Gesundheitsschutz übertrieben. Ähnlich gering ist auch der Anteil derjenigen, die die sofortige Aufhebung der Grundrechtseinschränkungen fordert.

Insgesamt trafen die eingeleiteten Maßnahmen also ganz überwiegend auf große Akzeptanz und Unterstützung, allerdings mit einer Ausnahme: Eine Mehrheit der Bevölkerung findet, dass die Regierung mit ihren Maßnahmen zu wenig für die sozial Schwächeren tut. Diese Kritik findet sich auch konstant über alle vier Wellen. Damit wird die *soziale Krise* nicht nur von sehr vielen als gravierend wahrgenommen (Tabelle 23, Kapitel 4.5), sondern der Regierung werden diesbezüglich auch von sehr vielen Menschen Versäumnisse vorgeworfen. Dieser Befund ist bemerkenswert, denn die Analyse der Berichterstattung hatte gezeigt, dass die sozialen Aspekte der Krise über den gesamten Untersuchungszeitraum hinweg von den Medien keine besonders hohe Aufmerksamkeit erfahren hatten. Zudem waren auch nur relativ wenige Befragte von der Krise selbst in schwerwiegende soziale Nöte gestürzt worden. Auch die Daten zur sozioökonomischen Lage der Befragten zeigen, dass die weitaus meisten persönlich weiterhin in gesicherten Verhältnissen lebten. Anscheinend musste die Empathie mit den Schwächeren nicht erst durch eine intensive Berichterstattung aktiviert werden.

Hinsichtlich der ökonomischen Folgen der Krise zeigt ein wachsender Anteil der Befragten (ein Viertel in der ersten Welle bis zu einem Drittel in der vierten Welle) Bedenken bezüglich der entstehenden Schuldenlast. Dem entgegen steht aber eine relative Mehrheit, die darin auch im November kein Problem sieht. Allerdings waren auch – je nach Welle – 26 bis 30 Prozent der Bevölkerung unentschieden. Die stark divergierenden Meinungen und der recht hohe Anteil von Unentschiedenen sind Ausdruck von Unsicherheit. Diese Unsicherheit ist verständlich, liegen doch die ökonomischen Konsequenzen teilweise weit in der Zukunft und hängen nicht nur von der Entwicklung in Deutschland ab. Entsprechend schwer sind sie einzuschätzen.

Tabelle 34: Einstellungen zu den Corona-Maßnahmen

		16.-20. April	**19.-25. Mai**	**21.-28. Juli**	**4.-10. November**
Die in Deutschland eingeleiteten Maßnahmen zum Gesundheitsschutz sind übertrieben.	% Ablehnung	73,1	65,6	73,5	67,9
	% teils/teils	13,6	18,0	15,2	17,4
	% Zustimmung	13,2	16,4	11,3	14,7
	M (Skala: 1-5)	2.02	2.22	2.01	2.14
	n =	1444	1224	1006	813
Die durch Corona in Deutschland entstehende Schuldenlast ist unverantwortlich.	% Ablehnung	50,9	42,1	39,6	38,6
	% teils/teils	26,4	27,6	30,0	27,9
	% Zustimmung	22,6	30,3	30,4	33,5
	M (Skala: 1-5)	2.59	2.86	2.90	2.98
	n =	1347	1164	949	779
Die Regierung macht mit ihren Maßnahmen zu wenig für die sozial Schwächeren.	% Ablehnung	24,5	21,9	22,3	22,8
	% teils/teils	28,2	27,4	27,0	25,4
	% Zustimmung	47,4	50,7	50,7	51,7
	M (Skala: 1-5)	3.39	3.48	3.47	3.48
	n =	1370	1159	952	773
Die Bundesregierung sollte die Einschränkungen in den Grundrechten sofort wieder aufheben.	% Ablehnung	65,4	58,0	64,4	66,6
	% teils/teils	20,3	21,8	18,8	16,7
	% Zustimmung	14,4	20,2	16,8	16,7
	M (Skala: 1-5)	2.16	2.40	2.26	2.17
	n =	1412	1202	994	804
Die Parlamente sollten stärker in die Entscheidungen zur Corona-Politik einbezogen werden.	% Ablehnung				13,0
	% teils/teils				43,1
	% Zustimmung				43,8
	M (Skala: 1-5)				3.45
	n =				701

Anmerkung: *Ablehnung (1 = stimme gar nicht zu/ 2 = stimme eher nicht zu); Zustimmung (4 = stimme eher zu/ 5 = stimme völlig zu)*

Insgesamt überwog jedoch die wirtschaftliche Zuversicht. Vor dem Hintergrund der in Kapitel 1.2 dargestellten Entwicklung der ökonomischen Lage ist der recht verbreitete Optimismus nachvollziehbar. Insgesamt zeigten die Wirtschaftsindikatoren zwar zunächst einen deutlichen ökonomischen Einbruch, doch dann deuteten alle Indikatoren auf eine recht schnelle Erholung.

Die Einschränkungen und Maßnahmen finden zwar weitgehend Zustimmung, die Art und Weise ihres Zustandekommens jedoch deutlich weniger. Das wurde in der Novemberbefragung deutlich, in der wir erstmals nach der Notwendigkeit einer stärkeren parlamentarischen Beteiligung gefragt hatten. Eine relative Mehrheit (43,8 % Zustimmung) unterstützt die Forderung, dass die Parlamente stärker in die Entscheidungen zur Corona-Politik einbezogen werden sollten und nur sehr wenige (13 %) lehnen sie ab.

Die Bedeutung der Einstellungen zu den Corona-Maßnahmen für den Erfolg der Pandemiebekämpfungen möchten wir beispielhaft aufzeigen: Insgesamt werden die Maßnahmen zum Infektionsschutz zwar von der großen Mehrheit unterstützt, allerdings trifft dies nicht auf alle zu. Immerhin jeder Achte hält die Maßnahmen für übertrieben. Diese Einstellung schlägt sich dann deutlich im Verhalten dieser Personen nieder (Abbildung 16). Personen, die die Hygiene-Regeln bewusst missachten, finden sich fast ausschließlich unter denen, die die Maßnahmen für sehr übertrieben halten. Es handelt sich also zumeist um Überzeugungstäter:innen und nicht um Menschen, die die Maßnahmen zwar für richtig halten, aber zu bequem sind, sie zu beachten.

Abbildung 16: Einstellung zu den Maßnahmen und Beachtung von Hygienemaßnahmen

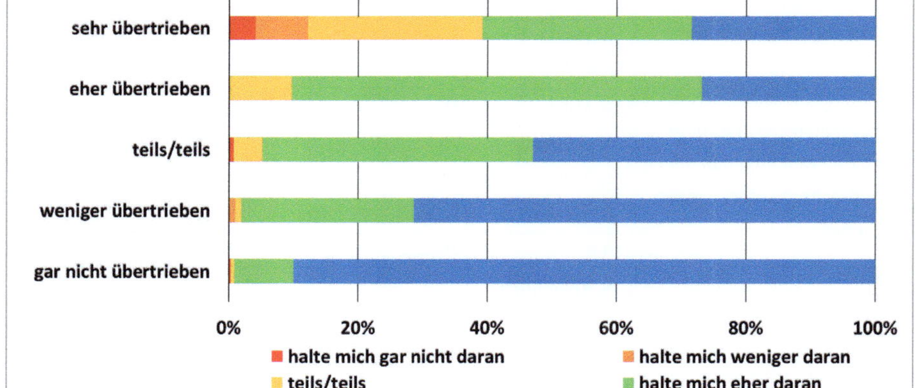

5.2 Wahrnehmung von Einstellungen zu den Corona Maßnahmen in den Medien

Im vorhergehenden Unterkapitel haben wir dargestellt, welche Einstellungen die Befragten zu den Corona-Maßnahmen haben. Nun werden wir zeigen, inwiefern die Bürger:innen entsprechende Einstellungen auch in der Berichterstattung wahrnahmen. Wir wollten wissen, wie häufig ihnen bestimmte Meinungen in den Medien aufgefallen sind.

Um Vergleiche vornehmen zu können, wurden die Formulierungen der Fragen zur Wahrnehmung von Einstellungen in der Berichterstattung eng an die Items zu den Einstellungen der Befragten gegenüber den Teilkrisen angelehnt. Bei der Interpretation muss man sich klarmachen, dass die Medienwahrnehmung nicht einfach als Spiegelbild der Berichterstattung interpretiert werden kann, weil Phänomene selektiver Wahrnehmung hier zu Verzerrungen führen können. Diese können in zwei Richtungen gehen: Einerseits bemerken die Rezipienten möglicherweise vor allem solche Meinungsäußerungen, die ihren eigenen entsprechen (vgl. Festinger, 1957). Dies kann die Rezipienten in ihren Ansichten bestärken, weshalb sie sie evtl. aufmerksamer rezipieren werden, während Inhalte, die mit der eigenen Meinung nicht übereinstimmen, vermieden werden. Andererseits könnten auch Meinungen, die zu der des Rezipienten gänzlich konträr sind, besondere Aufmerksamkeit hervorrufen, im Sinne eines „Aufregers über die einseitige Berichterstattung“ (zum „Hostile Media Effect“ vgl. Perloff, 2015; Vallone et al., 1985).

Welche Einstellungen zu Corona begegnen den Rezipienten in den Medien allgemein besonders häufig? Wie Tabelle 35 zeigt, finden sich einige Verschiebungen im Laufe der vier Befragungswellen. Bei drei Einstellungen findet sich ein ähnliches Muster. Dabei handelt es sich um die Positionen, dass a) die Maßnahmen zum Gesundheitsschutz übertrieben sind, dass b) die entstehende Schuldenlast unverantwortlich ist und dass c) die Einschränkungen in den Grundrechten sofort wieder aufgehoben werden sollten. In der ersten Befragung sind diese Einstellungen einer relativen Mehrheit nur selten in den Medien begegnet, aber schon in der zweiten Befragungswelle wurden sie von einer relativen Mehrheit häufig wahrgenommen. In der nachfolgenden Panelwelle wurden diese Einstellungen dann wieder etwas seltener beobachtet, aber die relative Mehrheit erklärte weiterhin, dass ihr diese Aussagen häufig begegnen.

Im November zeigten sich dann aber unterschiedliche Tendenzen: Die Meinung, dass die Maßnahmen übertrieben seien, wurden nun besonders häufig beobachtet, die Meinung, dass die Schuldenlast zu groß sei, hingegen weniger. Vermutlich schlägt sich hier einerseits die verstärkte Berichterstattung über Proteste gegen die Corona-

Maßnahmen nieder, während andererseits auf die Berichterstattung über die wirtschaftlichen Einbrüche im Vorfeld der zweiten Befragung dann Beiträge folgten, die die Situation weniger düster beschreiben (vgl. Kapitel 1.3).

Tabelle 35: Wahrnehmung von Corona-Einstellungen in den Medien

In den Medien und sozialen Netzwerken werden unterschiedliche Meinungen zu den verschiedenen Aspekten von Corona vertreten. Wie häufig sind Ihnen folgende Meinungen in den von Ihnen genutzten Medien und sozialen Netzwerken begegnet?

		16.-20. April	**19.-25. Mai**	**21.-28. Juli**	**4.-10. November**
Die in Deutschland eingeleiteten Maßnahmen zum Gesundheitsschutz sind übertrieben.	% nie/selten	34,9	24,1	29,2	25,5
	% ab und zu	39,4	36,0	36,0	33,9
	% häufig	25,6	39,9	34,8	40,5
	M (Skala: 1-5)	2,86	3,20	3,05	3,17
	n =	1326	1122	917	748
Die Bundesregierung sollte die Einschränkungen in den Grundrechten sofort wieder aufheben.	% nie/selten	39,1	23,4	30,3	28,7
	% ab und zu	34,0	33,6	34,4	35,9
	% häufig	27,0	43,0	35,3	35,3
	M (Skala: 1-5)	2,84	3,26	3,07	3,09
	n =	1306	1103	907	750
Die durch Corona in Deutschland entstehende Schuldenlast ist unverantwortlich.	% nie/selten	41,5	26,8	28,0	32,4
	% ab und zu	30,5	33,8	33,3	33,4
	% häufig	28,0	39,4	38,7	34,2
	M (Skala: 1-5)	2,80	3,19	3,17	3,06
	n =	1274	1087	899	728
Die Regierung macht mit ihren Maßnahmen zu wenig für die sozial Schwächeren.	% nie/selten	35,4	34,2	34,5	44,1
	% ab und zu	32,1	31,0	29,6	30,3
	% häufig	32,5	34,8	35,9	25,6
	M (Skala: 1-5)	2,99	3,06	3,07	2,78
	n =	1287	1085	900	735

Anmerkung: *nie/selten= Skalenpunkte 1 u. 2; ab und zu = Skalenpunkt 3; häufig = Skalenpunkte 4 u. 5*

Anders verhält es sich bei der Einstellung, die Regierung tue zu wenig für die sozial Schwächeren. Während in der ersten drei Befragungen jeweils etwa ein Drittel diese Position „nie/selten“, „ab und zu" und „häufig“ wahrnahmen, veränderte sich das wahrgenommene Bild in Befragungswelle 4 deutlich: Nun hat nur noch ein Viertel angegeben, diese Meinung häufig gelesen, gehört oder gesehen zu haben, während die Anzahl derjenigen, die sie „nie oder selten“ rezipieren, auf 44 Prozent anwuchs.

Eine Erklärung für diesen relativen Bedeutungsverlust der sozialen Aspekte der Krise kann der Umfang der Berichterstattung über soziale Themen sein (Abbildung 7). Dort zeigt sich, dass bei alle anderen Themenfeldern der Corona-Krise die Berichterstattungsintensität im Vorfeld der vierten Befragungswelle zumindest leicht angestiegen war. Nur die Berichterstattung über die sozialen Krisenaspekte verblieb auf niedrigem Niveau.

Die Antworten zur Häufigkeit, mit der Einstellungen in den Medien wahrgenommen werden, kann man aufgrund der unterschiedlichen Skalen nicht direkt mit der Ausprägung der Einstellungen der Befragten vergleichen. Trotzdem fällt in Tabelle 36 die Sonderstellung der sozialen Krise auf: Bei den drei anderen Krisen ist der Mittelwert für die Wahrnehmung der medialen Präsenz einer Einstellung deutlich höher als die Ausprägung der eigenen Einstellung. Nur bei der sozialen Krise vertreten die Befragten eine deutlich kritischere Meinung, als sie sie in den Medien wahrnehmen.

Tabelle 36: Eigene Einstellungen und wahrgenommene Einstellungen zu Corona in den Medien im Vergleich (Mittelwert)

		16.-20. April	**19.-25. Mai**	**21.-28. Juli**	**4.-10. November**
Die in Deutschland eingeleiteten Maßnahmen zum Gesundheitsschutz sind übertrieben.	Eigene Einstellungen	2,02	2,22	2,01	2,14
	Wahrgenommene Einstellungen	2,86	3,20	3,05	3,17
Die Bundesregierung sollte die Einschränkungen in den Grundrechten sofort wieder aufheben.	Eigene Einstellungen	2,16	2,40	2,26	2,17
	Wahrgenommene Einstellungen	2,84	3,26	3,07	3,09
Die durch Corona in Deutschland entstehende Schuldenlast ist unverantwortlich.	Eigene Einstellungen	2,59	2,86	2,90	2,98
	Wahrgenommene Einstellungen	2,80	3,19	3,17	3,06
Die Regierung macht mit ihren Maßnahmen zu wenig für die sozial Schwächeren.	Eigene Einstellungen	3,39	3,48	3,47	3,48
	Wahrgenommene Einstellungen	2,99	3,06	3,07	2,78

Anmerkung: *Eigene Einstellungen: Zu Corona kann man unterschiedliche Meinungen haben. Welchen der folgenden Meinungen stimmen Sie eher zu, welchen eher nicht? Skala: 1 = stimme gar nicht zu, 2 = stimme weniger zu, 3 = teils/teils, 4 = stimme eher zu, 5 = stimme voll zu*
Wahrgenommene Einstellungen: In den Medien und sozialen Netzwerken werden unterschiedliche Meinungen zu den verschiedenen Aspekten von Corona vertreten. Wie häufig sind Ihnen folgende Meinungen in den von Ihnen genutzten Medien und sozialen Netzwerken begegnet? Skala: 1 = nie, 2 = selten, 3 = ab und zu, 4 = eher häufig, 5 = sehr häufig

Bei den gesundheitsbezogenen und bei den politikbezogenen Krisendimensionen vergrößert sich der Abstand zwischen eigenen Einstellungen und wahrgenommenen Einstellungen im Zeitverlauf tendenziell immer mehr. Bei der auf die Wirtschaft bezogenen Krisendimension ist eine Annäherung der eigenen Meinung an die in den Medien beobachteten Einstellungen festzustellen. Bei der sozialen Krise bleibt der

Abstand zwischen eigenen und wahrgenommenen Einstellungen zunächst stabil, erst in der letzten Befragungswelle erkennen die Menschen eine Veränderung in der veröffentlichten Meinung, der sie sich selbst aber nicht anschließen.

5.3 Einstellungen zur Corona-Politik der Bundesregierung

Neben der Beurteilung einzelner Maßnahmen zur Bekämpfung der Pandemie wurde auch die generelle Zufriedenheit bzw. Unzufriedenheit der Bürgerinnen und Bürger mit der Corona-Politik der Bundesregierung erhoben. Diese Messung basiert auf dem Konzept der *Policy Malaise* (Arlt et al., 2020). Mit diesem Konzept werden die Einstellungen gegenüber politischen Akteuren/ Institutionen (Polity-Dimension) und politischen Prozessen (Politics-Dimension) bezüglich eines bestimmten politischen Themas oder Problems (Policy-Dimension) erfasst. Im vorliegenden Fall ist dies die Corona-Krise. Operationalisiert wurde das Konzept der Policy Malaise mit vier Items. Zwei davon messen die *Unterstützung der Corona-Politik der Regierung.* Ein weiteres fokussiert die politische *Einflussüberzeugung*, also die Überzeugung, dass man politische Vorgänge in Bezug auf Corona beeinflussen kann. Das vierte operationalisiert die *Responsivität*, also die wahrgenommene Bereitschaft der Bundesregierung, die Wünsche der Bürger:innen in Bezug auf politische Entscheidungen im Kontext der Corona-Pandemie zu berücksichtigen (Tabelle 37).

Tabelle 37: Einstellungen zur Corona Politik der Bundesregierung (Policy Malaise)

		16.-20. April	19.-25. Mai	21.-28. Juli	4.-10. November
Mit den Entscheidungen der Bundesregierung in Sachen Corona kann man zufrieden sein.	% Zustimmung	76,4	74,1	77,2	69,9
	M (Skala: 1-4)	2,95	2,89	2,92	2,77
	n =	1370	1150	938	766
Die Bundesregierung ist mit Corona überfordert.	% Zustimmung	42,6	44,4	38,7	52,6
	M (Skala: 1-4)	2,41	2,42	2,32	2,60
	n =	1352	1148	925	746
Die Corona-Politik der Bundesregierung nimmt die Ängste und Sorgen der deutschen Bevölkerung ernst.	% Zustimmung	73,2	67,3	68,3	65,6
	M (Skala: 1-4)	2,89	2,70	2,70	2,67
	n =	1352	1138	906	742
Als Bürger hat man fast keinen Einfluss darauf, was die Bundesregierung in Bezug auf Corona tut.	% Zustimmung	84,5	82,1	80,8	82,8
	M (Skala: 1-4)	3,27	3,18	3,12	3,20
	n =	1386	1158	935	757

Anmerkung: *Zustimmung (3 = stimme eher zu/ 4 = stimme völlig zu)*

Wie die Befunde zeigen, sind drei Viertel der Bevölkerung mit den Corona-Entscheidungen der Bundesregierung grundlegend zufrieden. Im Juli äußern sogar 77,2 Prozent Zufriedenheit mit der deutschen Corona-Politik. Rund zwei Drittel der Bürgerinnen und Bürger fühlten sich in ihren Ängsten und Sorgen bezüglich Corona ernst genommen und deutlich mehr als die Hälfte hat den Eindruck, dass die Bundesregierung den Herausforderungen der Pandemie gewachsen ist. Im Juli sind sogar über 60 Prozent der Meinung, dass die Bundesregierung Corona im Griff hat.

Allerdings schwindet der Rückhalt für die Corona-Politik der Bundesregierung im November merklich: Bei der Zufriedenheit mit der Corona-Politik lässt sich ein Rückgang um 7,3 Prozentpunkte auf 69,9 Prozent beobachten und 52,6 Prozent der Befragten haben nun den Eindruck, dass die Bundesregierung mit Corona überfordert ist. Das ist ein Anstieg um 13,9 Prozentpunkte im Vergleich zum Juli. Ein wesentlicher Grund hierfür ist vermutlich die sich aufbauende zweite Infektionswelle und die Unentschlossenheit der Bundesregierung bei der Durchsetzung einer einheitlichen Linie.

Im Unterschied zu den ersten Aussagen, bei denen sich vor allem am Anfang eine deutliche Unterstützung der Regierungspolitik zeigte, bekundete die große Mehrheit der Deutschen schon im April, dass sie sich in Bezug auf Corona politisch einflusslos fühle: Über den gesamten Untersuchungszeitraum hinweg hatten mehr als 80 Prozent der Bundesbürger:innen den Eindruck, dass sie keinen Einfluss auf die Corona-Politik der Regierung haben. Das Recht und die Möglichkeit zur politischen Beteiligung und Einflussnahme ist aber ein konstituierendes Merkmal einer Demokratie. Dieses grundlegende Recht scheint im Kontext der Corona-Pandemie nach Einschätzung der Bürgerinnen und Bürger nahezu vollständig ausgehebelt zu sein.

Normalerweise ist die Einflussüberzeugung ein integraler Bestandteil des Konstrukts *Policy Malaise* bzw. der Zufriedenheit oder Unzufriedenheit der Bürger:innen mit politischen Institutionen und Prozessen in Bezug auf ein konkretes politisches Thema (Arlt et al., 2020). Im vorliegenden Fall zeigt sich jedoch, dass die Befragungsteilnehmer:innen – obwohl sie ihren Einfluss auf die Corona-Politik als sehr gering einschätzen – die Responsivität der Regierung dennoch positiv beurteilen: Rund zwei Drittel der Befragten haben den Eindruck, dass die Bundesregierung die Ängste und Sorgen der Bevölkerung ernst nimmt. Im April waren es sogar fast drei Viertel. Dieser Befund zusammen mit der überwiegend positiven Bewertung der Regierungsleistung deutet darauf hin, dass die Regierung die Erwartungen der Bürger:innen erfüllt hat, obwohl sie sie in die Entscheidung nicht eingebunden hat.

Diese generelle Zufriedenheit und Akzeptanz der Corona-Politik der Bundesregierung spiegelt sich auch darin wieder, dass die Proteste gegen die Corona-Maßnahmen der Bundesregierung von rund drei Vierteln der Deutschen als ungerechtfertigt bezeichnet werden (Tabelle 38). Etwas mehr Zustimmung findet hingegen die Forderung, dass die Bundesregierung bei der Corona-Bekämpfung mehr auf die Vernunft der Bürger:innen vertrauen sollte. Deutlich über 40 Prozent unterstützen diese Meinung in allen drei Befragungswellen, in denen die Frage gestellt wurde. Hier drückt sich zumindest ein leises Unbehagen gegenüber den vielen und teilweise widersprüchlichen Vorschriften aus, die kontinuierlich von Regierungsseite erlassen wurden.

Tabelle 38: Einstellungen zum Protest gegen und zur Implementation der Corona Politik der Bundesregierung

		16.-20. April	19.-25. Mai	21.-28. Juli	4.-10. November
Die Proteste gegen die Corona-Maßnahmen sind absolut gerechtfertigt.	% Zustimmung		26,2	23,0	25,5
	M (Skala: 1-4)		1,93	1,84	1,90
	n =		1158	933	769
Bei der Corona-Bekämpfung sollte die Regierung mehr auf die Vernunft der Bürger vertrauen.	% Zustimmung		48,7	42,3	44,2
	M (Skala: 1-4)		2,51	2,39	2,45
	n =		1124	907	762
Die Einmischung des Staates in das Privatleben mit den Corona-Regeln geht eindeutig zu weit.	% Zustimmung				30,6
	M (Skala: 1-4)				2,10
	n =				765
Die Polizei sollte die Corona-Regeln konsequent durchsetzen.	% Zustimmung				81,7
	M (Skala: 1-4)				3,16
	n =				773

Anmerkung: *Zustimmung (3 = stimme eher zu/ 4 = stimme völlig zu)*

Auch bei den Fragen zur Durchsetzung der Corona-Regeln und zur Einmischung des Staates in das Privatleben – die beide erstmals im November gestellt wurden – lässt sich bei einigen Aspekten ein gewisses Konfliktpotential in der Bevölkerung erkennen: Während 81,7 Prozent der Befragten der Meinung ist, die Polizei sollte die Corona-Regeln konsequent durchsetzen, ist ein nicht zu vernachlässigender Anteil von fast ein Drittel der Ansicht, dass die Einmischung des Staates mit seinen Corona-Regeln in das Privatleben der Bürgerinnen und Bürger eindeutig zu weit geht.

Den Leistungen der Bundesländer bei der Bewältigung der Corona-Pandemie steht die Bevölkerung eher skeptisch gegenüber (Tabelle 39): Im Frühjahr und Sommer bezeichnen fast zwei Drittel der Deutschen den Föderalismus als hinderlich für die Bewältigung von Corona. Im November sind es sogar 71,3 Prozent. Diese kritische

Haltung gegenüber den Bundesländern hat ihre Ursache sicherlich vor allem in der Tatsache, dass es den bundes- und landespolitischen Akteuren im Herbst nicht gelungen ist, einen einheitlichen Weg im Kampf gegen Corona zu beschließen und viele Maßnahmen auf Länderebene stark variieren.

Angesichts dieser starken Kritik an der Leistungsfähigkeit des Föderalismus ist es jedoch erstaunlich, dass es keine deutliche Mehrheit für eine Stärkung der politischen Macht der Bundesebene gibt. Gefragt, welche Konsequenzen Deutschland aus Corona für die Zukunft ziehen sollte, befürworteten sowohl im Mai als auch im November nur rund 50 Prozent der Befragten die Aussage, „dass die Bundesebene in Krisenzeiten mehr Entscheidungsbefugnisse bekommen sollte“.

Tabelle 39: Einstellungen zu Föderalismus und Bundesebene

		16.-20. April	**19.-25. Mai**	**21.-28. Juli**	**4.-10. November**
A) Die Aufteilung Deutschlands in Bundesländer ist bei der Bewältigung von Corona hinderlich.	% Zustimmung	65,0	64,4	63,8	71,3
	M (Skala: 1-4)	2,81	2,82	2,74	2,92
	n =	1324	1100	890	728
B) Wir in Deutschland sollten uns dafür einsetzen, dass die Bundesebene in Krisenzeiten mehr Entscheidungsbefugnisse bekommt.	% Ablehnung		16,2		16,0
	% teils/teils		36,2		32,4
	% Zustimmung		47,6		51,6
	M (Skala: 1-5)		3,42		3,45
	n =		1105		725

Anmerkung: *Item A) Ablehnung (1 = stimme gar nicht zu/ 2 = stimme eher nicht zu); Zustimmung (3 = stimme eher zu/ 4 = stimme völlig zu); Item B) Ablehnung (1 = stimme gar nicht zu/ 2 = stimme eher nicht zu); Zustimmung (4 = stimme eher zu/ 5 = stimme völlig zu)*

5.4 Gesellschaftlicher Zusammenhalt und Verschwörungstheorien

Neben den Bewertungen der Leistung der Bundesregierung und der Länder haben wir auch die Meinung zu potentiellen Konsequenzen der Corona-Pandemie für die Gesellschaft erfasst (Tabelle 40). Mit Blick auf mögliche positive Effekte von Corona auf das Gemeinschaftsgefühl in der deutschen Bevölkerung zeigt sich eine drastische Veränderung in der Beurteilung über die Zeit: Während im Frühjahr 67,5 Prozent der Deutschen der Meinung waren, dass das Gemeinschaftsgefühl in Deutschland durch Corona wächst, stimmen dieser Aussage im November nur noch 30,6 Prozent zu; dies entspricht einem Rückgang von 36,9 Prozentpunkten (vgl. Abbildung 17).

Abbildung 17: Das Schwinden des gesellschaftlichen Zusammenhalts - Zustimmung zu: "Durch Corona wächst in der deutschen Bevölkerung das Gemeinschaftsgefühl."

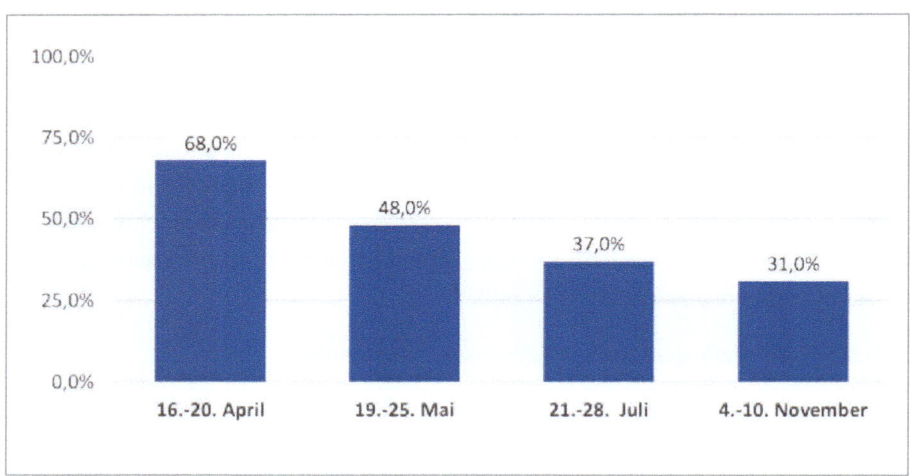

Folglich ist es auch nicht verwunderlich, dass bereits im Juli rund 70 Prozent der Bevölkerung der Meinung sind, dass Corona die gesellschaftliche Spaltung in Deutschland verstärkt. Im November sind es sogar 76,4 Prozent (Tabelle 40). Hintergrund für diese Einschätzung könnten die Proteste gegen die offizielle Corona-Politik sein, bei denen es teilweise zu heftigen Auseinandersetzungen zwischen Demonstrierenden und Polizei kam. Möglicherweise ist es aber auch die Sorge vor einer wachsenden sozialen Kluft in Folge der Krisen.

Tabelle 40: Konsequenzen der Corona-Pandemie für die Gesellschaft

		16.-20. April	**19.-25. Mai**	**21.-28. Juli**	**4.-10. November**
Durch Corona wächst in der deutschen Bevölkerung das Gemeinschaftsgefühl.	% Zustimmung	67,5	47,9	37,1	30,6
	M (Skala: 1-4)	2,71	2,38	2,20	2,07
	n =	1318	1118	905	743
Corona verstärkt die gesellschaftliche Spaltung in Deutschland.	% Zustimmung			70,3	76,4
	M (Skala: 1-4)			2,87	3,01
	n =			866	724

Anmerkung: *Ablehnung (1 = stimme gar nicht zu/ 2 = stimme eher nicht zu); Zustimmung (3 = stimme eher zu/ 4 = stimme völlig zu)*

Eine besonders spalterische Kraft für die Gesellschaft haben Verschwörungstheorien, die im Kontext von Corona besonders gut gediehen und sich schnell verbreiteten. So wie das Virus in der hochmobilen globalen Gesellschaft ideale Voraussetzungen für seine Verbreitung fand, so fanden Verschwörungstheorien den idealen Nährboden in der unübersichtlichen und schwer durchschaubaren Gemengelage von divergierenden

Informationen über die Teilkrisen. Vor diesem Hintergrund haben wir zunächst im Mai eine der vielen Verschwörungsvarianten abgefragt und dann ab Juli zusätzlich eine zweite Variante (Tabelle 41): Der Aussage, dass das Virus „absichtlich frei gesetzt wurde", haben im Frühjahr fast ein Drittel der Befragungsteilnehmer:innen zugestimmt. Zwar wurde dieser Anteil etwas kleiner, aber auch im Juli und November hegte immer noch rund ein Viertel der Bürger:innen diesen Verdacht.

Nicht ganz so stark war die Zustimmung zu der Verschwörungsthese, dass die Corona-Pandemie eine Erfindung sei, „um die Freiheit und die Rechte der Bürger einzuschränken". Aber in der trügerischen Ruhe des Sommers waren es dann doch fast 20 Prozent der Befragten, die diese Behauptung nicht vollständig zurückweisen wollten. Und selbst im November, als bereits die zweite Infektionswelle in Deutschland täglich weit über zehntausend Neuinfizierte mit sich brachte, waren es noch immer mehr als 15 Prozent, die diese These zumindest teilweise für plausibel hielten.

Es ist also festzuhalten, dass die Anhänger von Verschwörungstheorien nicht als zu vernachlässigende kleine Gruppe von Spinnern einfach ignoriert werden können. Der Resonanzboden für solche Behauptungen ist erheblich. Ganz offensichtlich befindet sich auch unter den Befragungsteilnehmer:innen eine nicht unerhebliche Anzahl von Personen, die empfänglich für Verschwörungstheorien ist.

Tabelle 41: Glaube an Verschwörungstheorien

		16.-20. April	**19.-25. Mai**	**21.-28. Juli**	**4.-10. November**
A) Es spricht einiges dafür, dass das Corona-Virus absichtlich freigesetzt wurde.	% Zustimmung		32,1	24,9	26,5
	M (Skala: 1-4)		2,00	1,82	1,84
	n =		998	843	671
B) Die Corona-Pandemie ist eine Erfindung, um die Freiheit und die Rechte der Bürger einzuschränken.	% Ablehnung			82,1	84,4
	% teils/teils			8,4	6.9
	% Zustimmung			9,5	8,7
	M (Skala: 1-5)			1,62	1,56
	n =			979	792

Anmerkung: *Item A) Ablehnung (1 = stimme gar nicht zu/ 2 = stimme eher nicht zu); Zustimmung (3 = stimme eher zu/ 3 = stimme völlig zu); Item B) Ablehnung (1= stimme gar nicht zu/ 2 = stimme eher nicht zu); Zustimmung (4 = stimme eher zu/ 5 = stimme völlig zu)*

Die Zustimmung zu Verschwörungstheorien ist allerdings durchaus ungleich in der Bevölkerung verteilt (Tabelle 42): Anfällig sind eher Personen mittleren Alters, sowie Personen, die das öffentlich-rechtliche Fernsehen und die Tageszeitung als Informationsquelle über Corona meiden. Besonders niedrig ist die Zustimmung zu Verschwörungstheorien dagegen bei Personen über 60, höher Gebildeten sowie Personen mit täglicher Nutzung von Tageszeitung und öffentlich-rechtlichem

Fernsehen. Generell sind die Informationsverweigerer am anfälligsten für Verschwörungstheorien. Auch die, die keine privaten Programme sehen und die, die auf nicht-journalistische Onlinequellen völlig verzichten, glauben häufiger an Verschwörungen gegen die Freiheit. Allerdings sind beim Privatfernsehen und bei den nicht-journalistischen Onlinequellen die Unterschiede zwischen Vielnutzern und Nichtnutzern deutlich geringer.

Tabelle 42: Verbreitung von Verschwörungstheorien[1)] in verschiedenen soziodemographischen Gruppen und Mediennutzungsgruppen

		16.-20. April	**19.-25. Mai**	**21.-28. Juli**	**4.-10. November**
				Mittelwert	Mittelwert
Alter	18-29			1,57	1,52
	30-39			1,70	1,51
	30-49			1,88	1,80
	50-59			1,67	1,70
	60+			1,39	1,36
Geschlecht	m			1,70	1,56
	w			1,53	1,56
Bildung	einfach			1,68	1,65
	mittel			1,77	1,62
	hoch			1,42	1,42
Nutzung öffentlich-rechtliches Fernsehen	nicht			2,18	2,13
	wenig			1,50	1,43
	täglich			1,34	1,38
Nutzung privates Fernsehen	nicht			1,60	1,61
	wenig			1,61	1,59
	täglich			1,53	1,46
Nutzung nicht-journalistischer Onlinequellen *	nicht			1,76	1,61
	wenig			1,58	1,56
	täglich			1,50	1,45
Nutzung Regionalzeitung	nicht			1,73	1,74
	wenig			1,59	1,47
	täglich			1,34	1,35
Gesamt				1,62	1,56

[1)] ***Anmerkung:*** *Auswertung des Items: «Die Corona-Pandemie ist eine Erfindung, um die Freiheit und die Rechte der Bürger einzuschränken». Mittelwerte auf einer Skala von 1 = stimme gar nicht zu bis 5 = stimme voll zu*

** Index aus der Nutzung von Onlinequellen des RKI, der Regierung, unterstützender Fachleute, unterstützender Laien*

Auch wenn eine nicht zu unterschätzende Anzahl von Menschen sich empfänglich für Verschwörungstheorien zeigt, so stehen doch die weitaus meisten Menschen solchen Thesen nicht nur ablehnend gegenüber, sondern zeigen sich sogar beunruhigt, dass viele andere Leute daran glauben. In allen drei Befragungswellen, in denen die entsprechende Frage gestellt wurde, gaben über 70 Prozent der Bürger:innen an, darüber erschreckt zu sein, dass viele Personen solche Verschwörungen für plausibel halten (Tabelle 43). Ein Grund dafür, dass man sich deswegen sorgt, besteht darin, dass nach Einschätzung von rund 80 Prozent der Befragungsteilnehmer:innen solche „Theorien" extremistische Parteien stärken (Tabelle 43). Ein solches Szenario ist für die meisten Befragten, die sich ja überwiegend in der Mitte des politischen Spektrums einordnen (vgl. Kapitel 2.2, Tabelle 2), zweifellos bedrohlich.

Tabelle 43: Reaktionen auf die wahrgenommene Verbreitung von Verschwörungstheorien

		16.-20. April	**19.-25. Mai**	**21.-28. Juli**	**4.-10. November**
Es erschreckt mich, dass so viele an Verschwörungs-theorien über Corona glauben.	% Ablehnung		14,1	14,8	14,4
	% teils/teils		13,9	13,0	10,1
	% Zustimmung		72,0	72,2	75,5
	M (Skala: 1-5)		4,01	4,00	4,09
	n =		1203	985	798
Die Corona-Verschwörungs-theorien stärken extremistische Parteien.	% Zustimmung		80,7	78,0	85,3
	M (Skala: 1-4)		3,18	3,06	3,25
	n =		1063	844	702

Anmerkung: *Item A) Ablehnung (1 = stimme gar nicht zu/ 2 = stimme eher nicht zu); Zustimmung (4 = stimme eher zu/ 5 = stimme völlig zu); Item B) Ablehnung (1 = stimme gar nicht zu/ 2 = stimme eher nicht zu); Zustimmung (3 = stimme eher zu/ 4 = stimme völlig zu)*

Der Eindruck, dass Verschwörungstheorien eine Gefahr für unser politisches Gemeinwesen darstellen können, dürfte auch auf die Thematisierung dieses Problemfeldes in den Medien zurückzuführen sein. In der Wahrnehmung vieler Bürger:innen war das Thema Verschwörungstheorien das ganze Jahr über zumindest „ab und zu" in den Medien präsent (Tabelle 44). Im Mai nahmen 42 Prozent der Befragten Berichte über solche Theorien häufig in den Medien wahr und weitere 36,5 zumindest gelegentlich. Der Anteil derjenigen, die Berichte hierzu häufig sahen, nahmen zwar in den folgenden Monaten deutlich ab und sank auf 27,6 Prozent, im November stieg er jedoch wieder auf über 30 Prozent an.

Tabelle 44: Wahrnehmung der Berichterstattung über Verschwörungstheorien in den Medien

Informationen sind mir in den Medien begegnet…		16.-20. April	19.-25. Mai	21.-28. Juli	4.-10. November
zu Corona-Verschwörungstheorien	% nie/selten		21,5	32,0	27,6
	% ab und zu		36,5	40,4	42,2
	% häufig		42,0	27,6	30,2
	n =		1176	941	778

***Anmerkung:** nie/selten = Skalenpunkte 1 u. 2; ab und zu = Skalenpunkt 3; häufig = Skalenpunkt 4 u. 5*

Diese von vielen als umfänglich wahrgenommene Berichterstattung stieß bei den meisten Menschen nicht auf Gegenliebe. In allen drei Befragungswellen, in denen die Frage gestellt wurde, meinte die Mehrheit, dass die Medien zu viel über die Corona-Verschwörungstheorien berichteten (Tabelle 45). Nachdem im Mai 61 Prozent dieser Meinung waren, nahm dieser Anteil im Juli auf 55,5 Prozent und im November weiter auf 54,2 Prozent ab. Der Anteil wurde zwar kleiner, aber das Ergebnis blieb eindeutig: Die meisten hätten gerne weniger Beiträge über dieses Thema gehört und vertreten die Ansicht, dass das Thema weniger Aufmerksamkeit verdient.

Tabelle 45: Beurteilung des Umfangs der Berichterstattung über Verschwörungstheorien in den Medien

		16.-20. April	19.-25. Mai	21.-28. Juli	4.-10. November
Den Umfang der Berichterstattung über Corona-Verschwörungstheorien finde ich…	% zu gering		9,3	10,1	7,2
	% genau richtig		29,7	34,4	38,6
	% zu viel		61,0	55,5	54,2
	n =		1020	794	673

***Anmerkung:** zu gering = Skalenpunkt 1; genau richtig = Skalenpunkt 2; zu viel = Skalenpunkt 3.*

Da die meisten denken, dass den Verschwörungstheorien zu viel mediale Beachtung geschenkt wurde, kann es nicht verwundern, dass sowohl im Mai als auch im November rund zwei Drittel der Bürger:innen es für eine wichtige Zukunftsaufgabe hält, dafür zu sorgen, dass solchen Thesen in Zukunft keine mediale Plattform gegeben wird (Tabelle 46). Ob eine solche Strategie des Ignorierens tatsächlich vielversprechend ist, lässt sich allerdings bezweifeln. Gerade wenn solche Verschwörungs-Behauptungen von den Medien nicht beachtet werden, kann dies von den Vertreter:innen der Theorien als ein Versuch gedeutet werden, die unliebsamen „Wahrheiten" zu vertuschen. Dieses Ignorieren könnte auf diese Weise für die Verschwörungs-Propaganda instrumentalisiert werden. Nicht zuletzt wegen dieses Dilemmas ist der angemessene Umgang mit Verschwörungstheorien schwierig.

Tabelle 46: Wie die Medien in Zukunft mit Verschwörungstheorien umgehen sollten

		16.-20. April	19.-25. Mai	21.-28. Juli	4.-10. November
Wir in Deutschland sollten uns dafür einsetzen, dass die Medien Verschwörungstheorien keinen Raum geben.	% Ablehnung		13,8		14,8
	% teils/teils		20,1		17,9
	% Zustimmung		66,0		67,3
	M (Skala: 1-5)		3,87		3,86
	n =		1152		768

Anmerkung: *Ablehnung (1 = stimme gar nicht zu/ 2 = stimme eher nicht zu); Zustimmung (4 = stimme eher zu/ 5 = stimme völlig zu)*

5.5 Politische und kommunikative Partizipation

Der letzte Weltbezug, der in der Studie analysiert wurde, ist das politische Handeln der Befragten. „Normale Krisen“ zeichnen sich durch eine verstärkte politische Partizipation der Bürger:innen aus (Dahrendorf, 2003). Das ist darauf zurückzuführen, dass die Risiken für die Gesellschaft während einer Krise größer oder deutlicher erkennbar sind. Die Maßnahmen der Politik gegen die Krise können einschneidend und deshalb umstritten sein, was die Bürger veranlasst sich einzumischen. Die Diskussion um den richtigen Weg aus der Krise bestimmt unter diesen Bedingungen das politische Geschehen.

Wie Tabelle 47 zeigt, ist die Corona-Krise in diesem Sinne keine „normale Krise“. Wir haben verschiedene Möglichkeiten abgefragt, durch die Bürger politisch bzw. sozial aktiv werden könnten. Keine von ihnen wurde in größerem Umfang genutzt. Am ehesten noch haben Menschen Geld gespendet (13,8 % in der ersten Welle), wobei allerdings nicht nachgefragt wurde, wer die Spenden erhalten hat und um welche Beträge es sich handelte. In der ersten Welle hatten knapp 12 Prozent der Befragten angegeben, Petitionen unterschrieben zu haben, um etwas gegen die Auswirkungen von Corona zu tun, dieser Wert hat sich bis zur vierten Welle fast halbiert. Da bei dieser Frage kein zeitlicher Rahmen vorgegeben wurde, hätten die Werte zumindest gleichbleiben müssen. Der Rückgang ist nur so zu erklären, dass die Menschen automatisch an die jüngste Vergangenheit gedacht haben oder dass bei vielen Personen die anfänglichen Aktivitäten in der Erinnerung verblassen, sodass sie später nicht wieder genannt wurden.

Fast gar keine Rolle spielte die Teilnahme an Protesten (unter 2 % in den Wellen 2 bis 4) sowie die Kontaktaufnahme zu Politikern (3,3 % in Welle 4). An den in den Medien ausführlich dokumentierten „Corona-Protesten“ nahm also faktisch nur eine sehr kleine Gruppe der Bevölkerung teil. Eine breite Protestbewegung ist anhand der Daten nicht zu erkennen.

Tabelle 47: Politische Partizipation

Welche der folgenden Dinge haben Sie in Bezug auf Corona getan?					
		16.-20. April	**19.-25. Mai**	**21.-28. Juli**	**4.-10. November**
Ich habe Geld gespendet, um etwas gegen Corona und dessen Auswirkungen zu tun.	% mindestens einmal	13,8			
	n =	1458			
Ich habe Petitionen unterschrieben, um etwas gegen die Auswirkungen von Corona zu tun.	% mindestens einmal	11,9	8,3	7,1	6,7
	n =	1458	1233	1014	822
Ich habe an Protesten gegen die Corona-Maßnahmen teilgenommen.	% mindestens einmal		1,9	1,8	1,6
	n =		1233	1014	822
Ich habe mich an einen Politiker gewandt, um Einfluss auf die Corona-Maßnahmen zu nehmen.	% mindestens einmal				3,3
	n =				822

Anmerkung: *nie = 0; mindestens einmal (1=einmal /2=zweimal /3=öfter)*

Vergleicht man die hier dokumentierte Partizipationshäufigkeit mit Aussagen der Bürger zur generellen politischen Beteiligung, dann fallen die Werte niedrig aus: Das betrifft sowohl die Anzahl der Beteiligten als auch die Beteiligungsintensität (vgl. Emmer et al., 2011, 151 ff). Dabei ist aber zu bedenken, dass hier die politische Teilhabe an der Debatte über ein bestimmtes Thema erfragt wurde und nicht die generelle Partizipation. Dennoch ist zusammenfassend zu konstatieren, dass eine politische Mobilisation durch die Krise nicht standfand.

Diese weitgehend politische Inaktivität der Bevölkerung in Bezug auf die Corona-Krise scheint auf den ersten Blick im Widerspruch zur ausgeprägten Wahrnehmung der sozialen Folgeprobleme der Corona-Maßnahmen und der Einschränkung von Grundrechten durch diese zu stehen (vgl. Kapitel 4.5). Zumindest teilweise lässt sich dieser Widerspruch auflösen, wenn man die geringe Einflussüberzeugung der Bürger:innen während der Krise berücksichtigt und die gleichzeitige große Zustimmung der Bevölkerung zu den Infektionsschutzmaßnahmen sieht (Kapitel. 5.1 und 5.3): Die negativen Folgen wurden offenbar vom ganz überwiegenden Teil der Bevölkerung als unvermeidlich hingenommen.

Möglicherweise hat der Charakter der Krise aber auch etwas Lähmendes. Politische Partizipation beruht in weiten Teilen auf dem Zusammenschluss der Bürger bei konkreten Aktivitäten. Durch die Pandemie waren solchen Zusammenschlüssen aber enge Grenzen gesetzt und diejenigen, die sich über diese Grenzen hinwegsetzen, kommen durch eine solche Verhaltensweise schnell in den Verdacht, die Ernsthaftigkeit der Krise zu leugnen und sich unsolidarisch gegenüber den besonders gefährdeten Personengruppen zu verhalten. Einem solchen Verdacht wollten sich vermutlich viele politische interessierte Personen, die sich ansonsten in die politische Debatte eingebracht hätten, nicht aussetzen.

Ganz anders sieht dies aus, wenn man die kommunikativen Aktivitäten jenseits der etablierten Formen des politischen Engagements betrachtet (Tabelle 48). Knapp zwei Drittel der Befragten gaben an, dass sie in den letzten vier Wochen mindestens einmal Mitmenschen gebeten haben, die Hygieneregeln einzuhalten. Wir haben diese Frage ab der zweiten Befragungswelle gestellt, und die Werte blieben über alle drei Erhebungen hinweg fast unverändert. Angesichts dieser weit verbreiteten Aktivität verwundert es auch nicht, dass um die 40 Prozent auch schon Streit mit anderen über die Einhaltung der Hygieneregeln hatten. Dieser Wert zeigt deutlich, wie aufgeladen die Stimmung bei diesem Thema ist. Die große Bereitschaft sich in der Öffentlichkeit zu einer bestimmten Position in einem Streit zu bekennen, ist bemerkenswert und dürfte – so vermuten wir – bei anderen Themen weniger ausgeprägt sein.

Tabelle 48: Kommunikative Partizipation

Wie häufig haben Sie die folgenden Aktivitäten in den letzten vier Wochen getan?					
		16.-20. April	**19.-25. Mai**	**21.-28. Juli**	**4.-10. November**
Ich habe humoristische Inhalte zu Corona im Internet oder in sozialen Medien/ über Messenger verbreitet.	% mindestens einmal	30,0	26,6	19,3	25,0
	n =	1458	1233	1014	822
Ich habe Informationen zu Corona im Internet oder in sozialen Medien/ über Messenger verbreitet.	% mindestens einmal	30,7	22,9	18,7	20,0
	n =	1458	1233	1014	822
Ich habe Mitmenschen gebeten, die Hygiene-Regeln einzuhalten.	% mindestens einmal		65,9	64,8	65,1
	n =		1233	1014	822
Ich hatte Streit mit anderen über die Einhaltung der Hygiene-Regeln.	% mindestens einmal			37,0	40,2
	n =			1014	822
Anmerkung: *nie = 0; mindestens einmal = (1=selten/2=ab und zu/3=oft/4=sehr oft)*					

Auch der Anteil derjenigen, die Informationen oder humoristische Inhalte online verbreitet haben, ist deutlich höher als der Anteil derjenigen, die traditionelle Formen der Beteiligung nutzten. Aber nicht nur die Intensität, sondern auch die zeitliche Entwicklung der partizipativen Corona-bezogenen Onlineaktivitäten unterscheidet sich von den etablierten Partizipationsformen. Anders als bei den traditionellen Formen der Partizipation ist die Intensität der Online-Partizipation nicht rückläufig, sondern weist ein ähnliches Muster auf, wie es bei den meisten Indikatoren der Mediennutzung zu beobachten war: Der Höchststand war in der ersten Befragungswelle, danach war ein allmähliches Absinken bis zum Juli zu beobachten, dann aber ein erneuter Anstieg in der Novemberbefragung (Tabelle 48). Sowohl die Verbreitung von Informationen als auch von humoristischen Inhalten über Internet und soziale Medien fand am intensivsten zur Zeit der ersten Befragungswelle im April statt, wo noch jeweils 30 Prozent angaben, dies in den letzten vier Wochen mindestens einmal getan zu haben. Diese Werte gingen bis zur dritten Welle auf unter 20 Prozent zurück, um dann im November wieder etwas anzusteigen, ohne aber das Niveau aus dem April zu erreichen.

Insgesamt ist der Prozentsatz der Onlineaktivist:innen sehr hoch, was zweifellos auch an der Dominanz des Themas gelegen haben dürfte: Da alle Massenmedien durch das Thema Corona dominiert wurden, liegt die Annahme nahe, dass sich auch in den sozialen Medien die Kommunikation meistens um dieses Thema drehte. Wenn Personen sich in dieser Zeit online zu Wort meldeten, dann mit hoher Wahrscheinlichkeit im Kontext von Corona.

6 Deutschland im internationalen Vergleich

Auch wenn in unserer Untersuchung die deutsche Situation im Mittelpunkt stand, so spielt dennoch die internationale Lage auch für die Interpretation dieser Befunde eine wesentliche Rolle. Als globale Krise trifft Corona Länder auf der ganzen Welt, und zwar unabhängig von ihrem Entwicklungsstand, ihrer geographischen Lage oder ihrem politischen System. Der Umgang einzelner Länder mit der Pandemie unterscheidet sich aber erheblich.

Auf der einen Seite stehen Ansätze wie das anfangs vieldiskutierte „schwedische Modell", das auf Freiwilligkeit und Appelle an die Bürger:innen setzte und die Freiheitsrechte der Bevölkerung vergleichsweise wenig beschränkte. Die Haltung der Regierungen anderer Länder (z.B. USA und Brasilien) bestand aus einer Mischung von Unterschätzung und Leugnung, die dazu führte, dass kaum Maßnahmen ergriffen wurden, um die Infektionszahlen klein zu halten. Auf der anderen Seite haben Länder wie China oder Australien durch frühzeitige und strikte Restriktionen versucht die Pandemie einzudämmen, womit für die Bürger:innen tiefe Einschnitte in die individuelle Freiheit verbunden waren.

Der öffentliche Diskurs über den Umgang einzelner Länder mit der Pandemie wird auch vor dem Hintergrund der jeweils vorherrschenden politischen Systeme geführt. Aus Sicht der politischen Kommunikation sind dabei insbesondere solche Diskussionen relevant, die die „Performance" der Länder mit dem politischen System eines Landes in Verbindung bringen. So wurde in Deutschland diskutiert, ob der Föderalismus für die Pandemiebekämpfung hinderlich ist oder sogar, ob autoritär organisierte Staaten wie China möglicherweise einen Vorteil im Kampf gegen das Virus haben.

Ergebnisse unserer Befragung zeigen, dass zwischen 64 Prozent und 71 Prozent der Aussage zustimmen, dass die Aufteilung Deutschlands in Bundesländer für die Pandemiebekämpfung von Nachteil ist (Kapitel 5.1). Von einer prinzipiellen Überlegenheit einer Diktatur bei der Pandemiebekämpfung sind hingegen nur relativ wenige überzeugt. Auf eine im November gestellte Frage antworten rund 13 Prozent, dass nur eine Diktatur wie in China das Virus in den Griff bekommen könne (Tabelle 49).

Tabelle 49: Die Leistungsfähigkeit politischer Systeme bei der Pandemiebekämpfung

		4.-10. November
Nur eine Diktatur wie in China kann das Virus in den Griff bekommen.	% Ablehnung	74,2
	% teils/teils	12,9
	% Zustimmung	12,9
	M (Skala: 1-5)	1,89
	n =	748

Anmerkung: *Ablehnung (1 = stimme gar nicht zu/ 2 = stimme eher nicht zu); Zustimmung (4 = stimme eher zu/ 5 = stimme völlig zu)*

Der Vergleich einzelner Länder hinsichtlich ihrer (Miss)erfolge im Umgang mit der Pandemie war ein nahezu konstantes Element in der öffentlichen Berichterstattung[18], denn Vergleiche ermöglichen es, die nationale Situation und die eigenen Leistungen einzuordnen. Um zu verstehen, wie die Bürger:innen die Leistung der Bundesregierung einschätzen und warum sie den Kurs der Bundesregierung unterstützen oder ablehnen, ist es daher auch von Belang, wie sie den Umgang Deutschlands mit der Pandemie im internationalen Vergleich bewerten.

In unserer dritten Befragungswelle haben wir untersucht, wie die Befragten die deutsche Performance im internationalen Vergleich einschätzen, ob sie der Ansicht sind, dass Deutschland es besser als andere Länder gemacht hat, oder ob sie meinen, dass Deutschland weniger erfolgreich war. Zu diesem Zeitpunkt hatte Deutschland die erste Corona-Welle relativ erfolgreich überstanden, die Infektionslage war entspannt und das Alltagsleben war durch verschiedene Lockerungsmaßnahmen deutlich weniger eingeschränkt als noch im April.

Um solche Vergleiche vornehmen zu können, ist es zunächst einmal wichtig zu wissen, ob die Befragten überhaupt die Situation außerhalb Deutschlands verfolgen. Tabelle 50 zeigt, dass dies durchaus der Fall war. Zwar informieren sich die Menschen am intensivsten über die Situation in Deutschland insgesamt, gefolgt von der Situation an ihrem Wohnort. Doch auch der Blick auf Europa und die Welt gehört bei sehr vielen Befragten zur Informationsroutine: Mehr als drei Viertel unterrichten sich zumindest in mittlerem Maße über die internationale Lage.

[18] S. z.B. die täglich aktualisierte FAZ.net-Grafik: „Infektionsverläufe im Vergleich - Bestätigte Covid-19 Infektionen pro 100.000 Einwohner in ausgewählten Ländern" in der Rubrik „Die Pandemie im Überblick". https://www.faz.net/aktuell/gesellschaft/gesundheit/coronavirus/zahlen-zum-coronavirus-die-pandemie-im-ueberblick-16653240.html

Tabelle 50: Über welche Regionen informieren sich die Befragten?

		Am Wohnort	In Deutschland	In Europa	Weltweit
		%	%	%	%
Ich verfolge die	nicht/kaum	28,4	13,8	23,2	23,4
Corona-Krise...	teils/teils	33,9	41,8	46,3	49,3
	(sehr) intensiv	37,7	44,3	30,5	27,3
M (Skala: 1-5)		3,08	3,37	3,07	3,04
n =		1014	1014	1014	1014

Anmerkung: *nicht/kaum = Skalenpunkte 1 und 2; teils/teils = Skalenpunkt 3; (sehr) intensiv = Skalenpunkte 4 und 5/ Frage gestellt in Befragungswelle 3*

Im Anschluss haben wir untersucht, wie die Befragten den Umgang der Bundesregierung mit Corona im Vergleich zu anderen Ländern insgesamt bewerten. Diese Frage wurde sowohl den Teilnehmenden der dritten als auch der vierten Befragungswelle gestellt.

Tabelle 51: Wie wird das Krisenmanagement der Bundesregierung im Vergleich mit anderen Ländern bewertet?

Verglichen mit anderen Ländern, wie würden Sie den Umgang der Bundesregierung mit der Corona-Pandemie insgesamt bewerten?	21.-28. Juli	4.-10. November
	%	%
besser als alle anderen Länder	17,0	9,9
besser als die meisten Länder	64,0	57,1
ungefähr gleichauf mit anderen Ländern	14,9	24,4
schlechter als die meisten/ alle anderen Länder	4,2	8,6
M (Skala: -2 - +2)	0,92	0,65
n =	958	755

Anmerkung: *schlechter als die meisten/ alle anderen Länder = Skalenpunkte -2 und -1 / ungefähr gleichauf mit anderen Länder = Skalenpunkt 0/ besser als die meisten Länder = Skalenpunkt +1/ besser als alle anderen Länder = Skalenpunkt +2*

Eine klare Mehrheit in beiden Befragungswellen ist der Meinung, dass die Bundesregierung im internationalen Vergleich deutlich besser mit der Corona-Pandemie umgegangen ist als andere Länder. Damit stellen die Bürgerinnen und Bürger der Bundesregierung ein sehr positives Zeugnis aus. Im Juli 2020 sind sogar 17 Prozent der Meinung, dass Deutschland besser mit Corona fertig geworden ist als alle anderen Länder der Welt (Tabelle 51).

Diese grundsätzlich positive Auffassung war ebenfalls im November vorherrschend. Allerdings zeigen die Daten eine nachlassende Euphorie. Der Anteil derjenigen, die Deutschlands Umgang mit Corona besser als den aller bzw. den der meisten Länder bewertet, verringert sich jeweils um rund 7 Prozentpunkte. Der Anteil derjenigen, die finden, dass Deutschland es schlechter als alle anderen/ die meisten gemacht hat, steigt um etwas mehr als 4 Prozentpunkte.

Diese Zahlen sind vor dem Hintergrund der vorherrschenden Corona-Situation in Deutschland zu interpretieren. Während die täglichen Infektionszahlen im Juli gering waren, rollte die zweite Infektionswelle im November an und der „Lockdown light" war bereits in Kraft getreten. Der Anstieg der Infektionszahlen und die erneuten, schärferen Einschnitte in die Lebenswelt der Bevölkerung haben das positive Bild, dass die Befragten von der Leistung der Bundesregierung bei der Pandemiebekämpfung hatten, zumindest etwas eingetrübt.

In einem nächsten Schritt haben wir analysiert, *welche* Länder aus der Sicht der Befragten besser bzw. schlechter mit Corona umgegangen sind und *was* genau diese Länder besser bzw. schlechter gemacht haben. Dabei sind wir folgendermaßen vorgegangen: Befragte, die angegeben hatten, dass Deutschland es besser gemacht hat als alle anderen Länder, wurden logischerweise nicht nach einem Land gefragt, dessen Umgang mit der Krise besser war. Befragte, die angegeben hatten, dass Deutschland es schlechter als alle anderen gemacht hat, wurden entsprechend nicht nach einem Land gefragt, das schlechter mit der Pandemie umgegangen ist. Allen anderen wurden beide Fragen gestellt.

6.1 Länder mit besserer Corona-Strategie

Abbildung 18 zeigt die Nennungen der Länder, die nach Meinung der Befragten besser mit der Pandemie umgegangen sind als Deutschland. Insgesamt benennen nur wenige Befragte (n = 300) überhaupt irgendein Land, dessen Umgang mit der Pandemie sie besser bewerten als den Deutschlands. Da insgesamt 32 unterschiedliche Länder genannt wurden, erweist sich die Einschätzung, welches Land es besser gemacht hat, zudem als sehr heterogen. Deswegen haben wir die Länder in Gruppen zusammengefasst, und zwar so, dass diejenigen Länder, die von den Befragten bei den nachfolgenden Fragen ähnlich bewertet wurden (siehe Tabelle 52), jeweils eine Gruppe bilden. Dies sind erstens China, Singapur, Südkorea, Taiwan, Vietnam (= div. Länder in Asien) zusammen mit Australien und Neuseeland sowie zweitens Schweden und Dänemark. Zusätzlich wurde drittens Österreich gesondert aufgenommen, weil es mit n=56 das Land mit den meisten Nennungen war. Alle anderen Länder wurden immer nur von einzelnen Befragten genannt und deswegen in die vierte Gruppe unter dem Label „andere" zusammengefasst. Mit Blick auf die von den Ländern gewählte Corona-Strategie finden sich damit sowohl Länder, die durch strikte Beschränkungen in das Leben der Menschen eingegriffen haben (asiatische Länder, Australien, Neuseeland) als auch Länder, die stärker auf die

Einsicht und Vernunft der Bürger:innen gesetzt haben und weniger restriktiv reagierten (Schweden).

Abbildung 18: Welches Land ist im Vergleich mit Deutschland besser mit Corona umgegangen?[19]

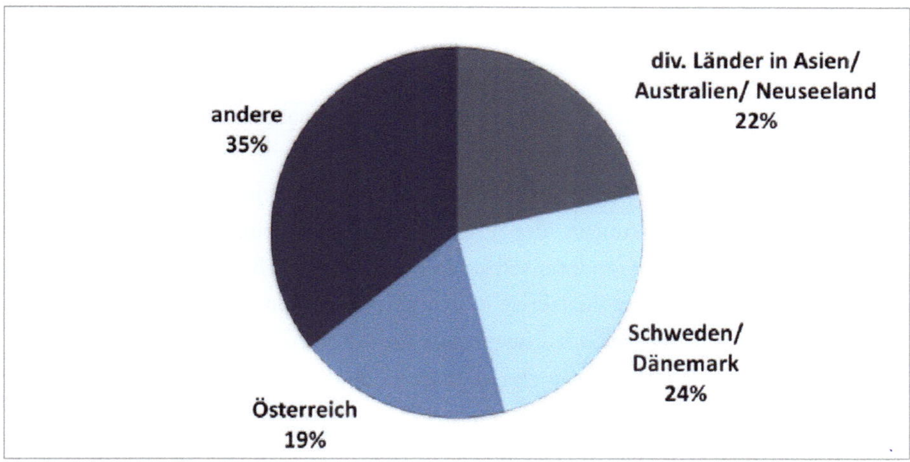

Diejenigen, welche Schweden oder Dänemark als vorbildlich bezeichnen, finden, dass diese Länder die Freiheit der Bürger:innen (viel) weniger beschränkt haben. Dies ist insofern bemerkenswert, als dass Dänemark nicht den schwedischen Weg eingeschlagen hat, sondern durch Schließung von Schulen, Kindergärten und Geschäften ähnliche Maßnahmen ergriffen hat wie Deutschland. Möglicherweise „profitiert" hier Dänemark von einem „skandinavischen Image". Hingegen sind gut 60 Prozent derjenigen, die eines der asiatischen Länder, Australien oder Neuseeland als Vorbild genannt haben, der Ansicht, dass dort die individuellen Freiheiten der Menschen (viel) mehr beschränkt wurden als in Deutschland. Für Österreich ist das Bild etwas weniger eindeutig. Allerdings wird auch Österreich von den meisten eher wegen seines strikten Vorgehens gelobt. 45 Prozent der Befragten meinen, dass Österreich die Freiheit (viel) mehr beschränkt hat.

[19] Anmerkung: Frage gestellt in Befragungswelle 3; n = 300; diverse Länder in Asien = China, Singapur, Südkorea, Taiwan, Vietnam

Tabelle 52: Bewertung: Wie ist das Land, das es besser gemacht hat, mit der Freiheit der Menschen umgegangen?

Das Land hat im Vergleich mit Deutschland die Freiheit der Menschen...	(viel) weniger beschränkt	etwa gleich beschränkt	(viel) mehr beschränkt	
	%	%	%	n
div. Länder in Asien/ Australien/ Neuseeland	14,4	24,1	61,5	56
Schweden/ Dänemark	67,6	19,5	12,9	72
Österreich	15,6	31,0	44, 7	54

Anmerkung: *Skalenpunkte 1 und 2 = (viel) weniger beschränkt/ Skalenpunkte 4 und 5 = (viel) mehr beschränkt/ Frage gestellt in Befragungswelle 3*

Auch wenn dies manche Anhänger von Verschwörungstheorien anders sehen mögen, erfolgten die Einschränkungen der Freiheit nicht, um eine Corona-Diktatur zu installieren und auch nicht um ihrer selbst willen. Mit den Maßnahmen wurde vielmehr das Ziel verfolgt, die Gesundheitskrise in den Griff zu bekommen. Gleichzeitig hatten die Einschränkungen aber auch Konsequenzen für die Wirtschaft und die soziale Lage. Deswegen sollten die Befragten auch einschätzen, ob die von ihnen genannten Länder die Gesundheit, die Wirtschaft und die sozial Schwachen besser oder schlechter geschützt haben als Deutschland (Tabelle 53).

Diejenigen, die die Corona-Strategie der asiatischen Länder, Australiens und Neuseelands besonders gut bewerten, finden, dass dort vor allem die Gesundheit besser als in Deutschland geschützt worden ist. Diejenigen, die finden, dass Schweden und Dänemark besser mit Corona umgegangen sind, sind der Ansicht, dass dort die Wirtschaft besser geschützt wurde. Ein ähnlich positives Zeugnis stellen sie Schweden und Dänemark auch beim Schutz sozial schwacher Menschen aus. Die Einschätzungen Österreichs ergeben wiederum ein weniger klares Bild. Die Befragten sind hier der Ansicht, dass Österreich in allen Bereichen ein bisschen besser abgeschnitten hat als Deutschland.

Tabelle 53: Bewertung: Was hat das Land besonders gut gemacht?

Das Land hat im Vergleich mit Deutschland besser geschützt...	Gesundheit	Wirtschaft	sozial Schwache	
	M	M	M	n
div. Länder Asien/ Australien/ Neuseeland	4,31	3,61	3,60	65
Schweden/ Dänemark	3,59	4,36	4,00	73
Österreich	3,80	3,74	3,45	56

Anmerkung: *Mittelwert auf einer Skala von 1 = trifft gar nicht zu bis 5 = trifft voll und ganz zu/ Frage gestellt in Befragungswelle 3*

6.2 Länder mit schlechterer Corona-Strategie

Analog zu den besser bewerteten Ländern haben wir auch nach Ländern gefragt, die aus Sicht der Befragten schlechter mit Corona umgegangen sind als Deutschland. Den Befragten fiel es offenbar wesentlich leichter diese Frage zu beantworten, denn hier nannten über 700 Befragte ein Land, welches es ihrer Ansicht nach schlechter gemacht hat. Die Antworten zeigen zudem ein eindeutiges Bild (Abbildung 19). 81 Prozent nennen die USA. Auf dem zweiten und dritten Platz folgen Brasilien und Italien, aber nur mit jeweils 7 bzw. 4 Prozent der Nennungen.

Abbildung 19: Welches Land ist im Vergleich mit Deutschland schlechter mit Corona umgegangen?[20]

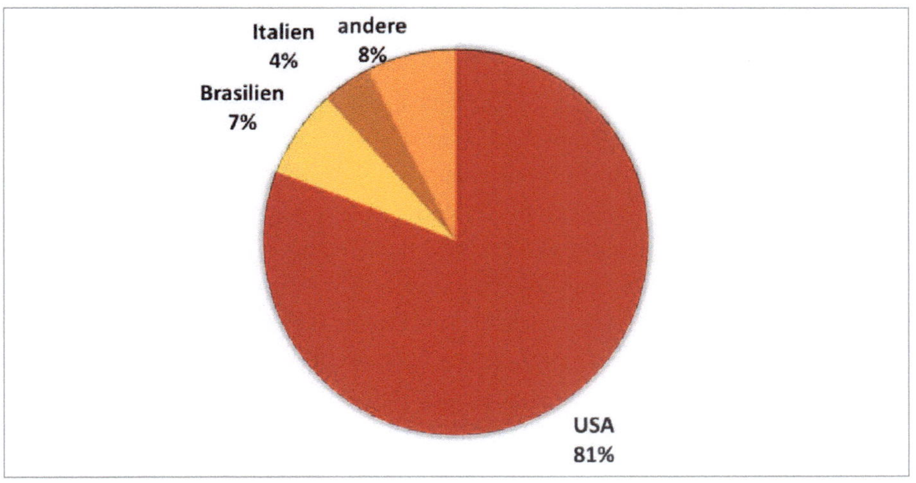

Tabelle 54 zeigt die Ergebnisse zur Frage, wie das Land mit den Freiheitsrechten der Menschen umgegangen ist. Eine jeweils eindeutige Mehrheit der Befragten mit Nennung USA (86 %) wie auch mit Nennung Brasilien (87 %) ist der Ansicht, dass das Land die Freiheit der Menschen (viel) weniger beschränkt hat als Deutschland. Der Verzicht auf Freiheitseinschränkungen kann somit nicht verhindern, dass diese Länder als besonders negative Beispiele genannt werden. Vielmehr wurden diese Länder vermutlich sogar gerade deshalb so schlecht bewertet, weil sie auf Restriktionen weitestgehend verzichtet haben. Prägend dürften in diesem Kontext die sehr hohen Todeszahlen in den beiden Ländern gewesen sein sowie die Verhaltensweisen der Präsidenten Trump und Bolsonaro, die die Gefährlichkeit des Virus – trotz der vielen Toten in ihren Ländern – immer wieder in Zweifel gezogen haben.

[20] Anmerkung: n = 721

Diejenigen mit Nennung Italien sind hingegen mehrheitlich der Ansicht, dass das Land die Freiheit der Menschen (viel) mehr beschränkt hat als Deutschland. Insgesamt scheint somit dieser Aspekt für die Beurteilung der Leistung eines Landes in der Pandemie nicht von zentraler Bedeutung zu sein.

Tabelle 54: Bewertung: Wie ist das Land, das es schlechter gemacht hat, mit der Freiheit der Menschen umgegangen?

Das Land hat im Vergleich mit Deutsch-land die Freiheit der Menschen...	(viel) weniger beschränkt	etwa gleich beschränkt	(viel) mehr beschränkt	n
	%	%	%	
USA	86,3	8,3	5,4	549
Brasilien	87,0	1,6	11,4	49
Italien	21,5	4,7	73,7	27

Anmerkung: *Skalenpunkte 1 und 2 = (viel) weniger beschränkt/ Skalenpunkte 4 und 5 = (viel) mehr beschränkt/ Frage gestellt in Befragungselle 3*

Tabelle 55 zeigt die Einschätzung der Befragten, was das von ihnen genannte Land in Bezug auf den Schutz von Gesundheit, Wirtschaft und sozial schwachen Menschen schlechter gemacht hat als Deutschland. Diejenigen mit Nennung USA finden, dass den Vereinigten Staaten im Vergleich mit Deutschland besonders der Gesundheitsschutz missglückt ist. Beinahe genauso schlecht wird der Schutz sozial schwacher Menschen in den USA bewertet. Bemerkenswerterweise liegen die Mittelwerte zu beiden Kategorien beinahe am Skalenendpunkt. Ein ähnlich schlechtes Zeugnis stellen die Befragten auch Brasilien aus. Diejenigen, die Brasilien genannt haben, finden ebenfalls sowohl den Gesundheitsschutz als auch den Schutz sozial Schwacher deutlich schlechter umgesetzt als in Deutschland. Auch hier liegen die Mittelwerte nahe dem Skalenendpunkt.

Tabelle 55: Bewertung: Was hat das Land besonders schlecht gemacht?

Das Land hat im Vergleich mit Deutschland schlechter geschützt...	Gesundheit	Wirtschaft	Sozial Schwache	
	M	M	M	n
USA	4,87	3,71	4,78	583
Brasilien	4,77	3,63	4,81	54
Italien	4,26	3,94	3,79	30

Anmerkung: *Mittelwerte auf einer Skala von 1 = trifft gar nicht zu bis 5 = trifft voll und ganz zu/ Frage gestellt in Befragungswelle 3*

Bei Italiens Performance wird vor allem der vergleichsweise schlechtere Gesundheitsschutz als negativer Aspekt genannt. Dieser Eindruck dürfte vermutlich stark von den medial vermittelten Bildern aus Bergamo zu Beginn der Pandemie in Europa geprägt sein. Wichtig festzuhalten ist zudem, dass die Bürger:innen auch den Schutz der Wirtschaft durch die drei Länder negativer beurteilten als den Deutschlands.

In der Wahrnehmung der Befragten konnte weder eine restriktivere noch eine lockere Politik die Wirtschaft besser schützen. Die Gleichung „Gesundheitsschutz schwächt die Wirtschaft und Wirtschaftsschutz gefährdet die Gesundheit" ist nach Einschätzung der Bürger:innen nicht zutreffend.

7 Zukunftserwartungen und Zukunftswünsche

In diesem abschließenden Ergebniskapitel geht es um die Frage, was Corona für die Zukunft bedeutet. Zum einen haben wir untersucht, welche längerfristigen Konsequenzen die Pandemie für das Leben der einzelnen Bürger:innen aus deren Sicht voraussichtlich haben wird. Hierbei haben wir uns auf zwei Aspekte konzentriert: die Mobilität und das Konsumverhalten. Zum anderen haben wir ermittelt, welche Lehren und Konsequenzen nach Ansicht der Befragten gesamtgesellschaftlich aus der Pandemie gezogen werden sollten. Hier haben wir eine breite Palette von Schlussfolgerungen abgefragt, die von unterschiedlichen Akteuren in die politische Debatte eingebracht worden waren.

7.1 Zukunft von Mobilität und Konsumverhalten

Die Corona-Krisen hatten schon nach wenigen Wochen gravierende Auswirkungen auf die Gestaltung des Alltags der Bürger:innen. Das betraf fast alle Lebensbereiche. Zwei davon – die für die ökologische Zukunft des Planeten von großer Bedeutung sind – haben wir uns genauer angesehen: Die individuelle Mobilität und das Konsumverhalten. Uns interessiert dabei zum einen, welche Veränderungen die Bürgerinnen und Bürger bei sich beobachteten, und zum anderen, welche dieser Veränderungen sich möglicherweise im Verhalten der Menschen verfestigen könnten und damit dauerhaft Schaden oder Nutzen für die Umwelt mit sich bringen.

Die entsprechenden Items wurden während der dritten Befragungswelle im Sommer abgefragt. Die Befragung erfolgte mitten in der Ferienzeit und somit zu einem Zeitpunkt, als die Infektionszahlen niedrig waren und relativ wenige Beschränkungen im Alltagsleben galten. Dies ist bei der Interpretation der Befunde zu berücksichtigen.

Auf die Frage, wie häufig man verschiedene Formen der Fortbewegung vor Corona genutzt hatte, wurde „Fahrrad fahren und zu Fuß gehen" am häufigsten genannt, dicht gefolgt vom Auto (Tabelle 56): Über 60 Prozent der Befragten fuhren mit dem privaten Kraftfahrzeug mehr als einmal pro Woche und weniger als ein Viertel nutzen es nie. Im Vergleich dazu werden öffentliche Verkehrsmittel in geringerer Frequenz genutzt. Nicht einmal ein Viertel der Befragten fährt häufiger als einmal die Woche mit Bus und Bahn und fast 30 Prozent benutzen diese Verkehrsmittel nie.

Im Unterschied zu den anderen Transportmitteln ist das Flugzeug natürlich für die meisten Menschen kein alltäglicher Bestandteil ihrer Mobilität. Deswegen wurden alle diejenigen, die mehrmals im Jahr fliegen, in der Gruppe der Vielflieger zusammengefasst. Das trifft immerhin auf ungefähr jeden siebten Befragungsteilnehmer zu. Der Anteil derjenigen, die nie fliegen, ist aber deutlich höher. Fast die Hälfte der befragten Bürger:innen nutzte dieses Transportmittel auch vor Corona nie.

Mit Blick auf das Konsumverhalten lässt sich festhalten, dass vor Ausbruch der Corona-Pandemie die Menschen ihre Einkäufe etwas häufiger im lokalen Einzelhandel getätigt haben als über den Onlinehandel.

Tabelle 56: Veränderungen in Mobilität und Konsum

	Vergangenheit			Gegenwart			Zukunft		
	nie	mittel	viel	weniger	gleich	mehr	weniger	gleich	mehr
Mobilität									
Auto/Motorrad fahren[1)]	24,0	14,6	61,5	32,3	61,7	6,0	20,0	70,7	9,4
Öffentliche Verkehrsmittel (Zug, Bus etc.) benutzen[1)]	29,4	48,7	22,0	47,4	49,7	3,0	18,1	63,2	18,7
Fahrrad fahren / zu Fuß gehen[1)]	8,9	27,6	63,6	17,0	61,1	21,9	5,0	63,5	31,6
Fliegen (privat und beruflich)[2)]	47,0	36,7	16,3	55,1	44,6	0,3	28,9	55,2	15,9
Konsum									
In Geschäften shoppen gehen[3)]	15,0	63,0	22,2	64,6	34,2	1,3	13,8	61,5	24,7
Online Shopping[3)]	14,3	72,4	13,4	12,5	62,8	24,6	18,1	73,5	8,3

Anmerkung: Fragen gestellt in Welle 3
1) viel = (fast) täglich, mehrmals die Woche / mittel = mehrmals im Monat, etwa einmal im Monat, mehrmals im Jahr, seltener / nie = nie
2) viel = (fast) täglich, mehrmals die Woche, mehrmals im Monat, etwa einmal im Monat, mehrmals im Jahr / mittel = seltener / nie = nie
3) viel = (fast) täglich, mehrmals die Woche / mittel = mehrmals im Monat, etwa einmal im Monat, mehrmals im Jahr / nie = seltener, nie

Mit der Frage „Wenn Sie Ihr Leben in den letzten zwei Wochen mit der Zeit vor Corona vergleichen: Was machen Sie mehr, was machen Sie weniger, und was hat sich nicht verändert?“ haben wir gemessen, was sich im alltäglichen Mobilitäts- und Konsumverhalten der Menschen verändert hat. Die Ergebnisse zeigen deutliche Veränderungen.

Die von den Befragten dokumentierten Verhaltensänderungen während der Pandemie sind im Wesentlichen auf zwei Faktoren zurückzuführen. Zum einen ergeben sie sich aus den amtlich angeordneten Maßnahmen und zum anderen handelt es sich um Reaktionen, die auf die unterschiedliche Ansteckungsgefahr zurückzuführen sind, die mit der Nutzung verschiedener Fortbewegungsmittel und Konsumoptionen verbunden ist. Vor allem die Nutzung der öffentlichen Verkehrsmittel hat in der Krise deutlich nachgelassen. Am stärksten eingebrochen ist der Luftverkehr. Weniger ausgeprägt ist der Rückgang beim motorisierten Individualverkehr. Die Zahl der Personen, die angibt häufiger zu Fuß zu gehen oder mit dem Fahrrad unterwegs zu sein, hat hingegen zugenommen. Beim Konsumverhalten zeigen sich gegenläufige Trends. Die Geschäfte in den Städten werden weniger frequentiert, indes boomt der Onlinehandel.

Mit Blick auf die Folgen dieser Veränderungen für die *Umwelt* ergibt sich ein gemischtes Bild. Der allgemeine Rückgang des Verkehrs ist mit Blick auf die Treibhausemissionen zweifellos positiv, auch der besonders starke Rückgang des Luftverkehrs ist vor diesem Hintergrund zu begrüßen. Weniger erfreulich ist, dass die öffentlichen Verkehrsmittel im Vergleich zum motorisierten Individualverkehr an Bedeutung verloren haben.

Die durch die Pandemie hervorgerufenen Veränderungen des Mobilitätsverhaltens führen zwar zu einer kurzfristigen Entlastung der Umwelt. Bedeutsamer ist aber die Frage, ob die Veränderungen auch dauerhafter Natur sein werden. Um dies einschätzen zu können, haben wir die Menschen gefragt, ob sie die neuen Verhaltensweisen auch in Zukunft beibehalten möchten, oder ob sie zu alten Routinen zurückkehren wollen. Tatsächlich bekundet die Mehrheit der befragten Personen bei allen Tätigkeiten, dass sie das geänderte Verhalten beibehalten wollen. Teilweise gibt es aber auch Änderungspläne. So gibt fast ein Drittel der Befragungsteilnehmer:innen an, in Zukunft mehr zu Fuß gehen und Fahrrad fahren zu wollen, und fast genauso viele möchten die Anzahl der Flugreisen weiter reduzieren. Insbesondere bei diesen beiden Items ist allerdings eine Verzerrung im Antwortverhalten aufgrund sozialer Erwünschtheit zu vermuten.

Zusätzliche Rückgänge in der Nutzungsintensität sind darüber hinaus auch im Autoverkehr zu erwarten, während bei den Bus- und Zugfahrer:innen der Anteil derjenigen, die wieder mehr, und derjenigen, die noch weniger fahren wollen, sich in etwa die Waage hält.

Beim Konsumverhalten zeichnet sich hingegen eine dauerhafte Verschiebung hin zum Onlinehandel ab. Der Anteil derjenigen, die in Zukunft wieder verstärkt in Geschäften shoppen möchte, ist sehr gering. Im Vergleich dazu ist der Prozentsatz derjenigen, die das intensivere Onlineshoppen weiterhin beibehalten wollen, deutlich höher.

Die Ergebnisse lassen den Schluss nahe, dass die von der Pandemie herbeigeführten Veränderungen im Mobilitäts- und Konsumverhalten zumindest zum Teil von den Bürger:innen als positiv wahrgenommen werden. Zum Zeitpunkt der Befragung konnten sich daher einige vorstellen, die Veränderungen auch zukünftig beizubehalten. In welchem Maße und in welchen Feldern sich tatsächlich Verhaltensumstellungen verfestigen werden, lässt sich derzeit nicht einschätzen. Es erscheint durchaus plausibel, dass Geschäftsreisen zugunsten von Videokonferenzen eingespart werden. Ob dies dann aber tatsächlich zu weniger Verkehr führt oder ob durch Rebound-Effekte das

Transportaufkommen am Ende gleichbleibt oder sogar weiter anwächst, ist eine offene Frage.

7.2 Gewünschte gesellschaftliche Konsequenzen aus den Corona-Krisen

Schon relativ bald nach Beginn der Corona-Pandemie begann in Deutschland eine Diskussion darüber, ob und wenn ja welche Konsequenzen aus der Pandemie und den damit verbundenen Krisen gezogen werden sollten. Vor diesem Hintergrund haben wir in allen vier Befragungswellen ermittelt, ob die Befragungsteilnehmer:innen der Ansicht sind, dass Deutschland die Umbruchssituation, die die Corona-Krisen darstellen, für gesellschaftliche Veränderungen nutzen sollte. Die Befürwortung eines gesellschaftlichen Wandels war im gesamten Untersuchungszeitraum sehr groß, wenn auch mit leicht rückläufiger Tendenz. Anfänglich sprachen sich fast 90 Prozent dafür aus, aber auch im November waren es immer noch fast 80 Prozent, die sich gesellschaftliche Veränderungen wünschten (Tabelle 57).

Tabelle 57: Der Wunsch nach Veränderung

Bitte kreuzen Sie an, wie sehr Sie der Aussage zustimmen oder nicht zustimmen.		**16.-20. April**	**19.-25. Mai**	**21.-28. Juli**	**4.-10. November**
Deutschland sollte die Möglichkeiten für gesellschaftliche Veränderungen nutzen, die sich durch Corona eröffnen.	% Zustimmung	87,9	86,0	86,0	79,6
	M (Skala: 1-4)	3,21	3,14	3,15	2,96
	n =	1286	1064	869	679

Anmerkung: *Ablehnung (1 = stimme gar nicht zu/ 2 = stimme eher nicht zu); Zustimmung (3 = stimme eher zu/ 4 = stimme völlig zu)*

Es ist sicherlich bemerkenswert, dass so viele Menschen in einer Krise, die mit großer Verunsicherung verbunden war, den Wunsch nach weiteren Veränderungen zum Ausdruck brachten, obwohl Veränderungen zumeist mit weiteren Verunsicherungen einhergehen. Eine Erklärung könnte sein, dass viele Menschen damit den Wunsch zum Ausdruck bringen wollen, die Krise produktiv zu nutzen und damit auch zu deren dauerhafter Überwindung beizutragen. Ein anderer Grund ist sicherlich, dass die Formulierung unserer Frage eine Vielzahl von Assoziationen erlaubt, welche Veränderungen gemeint sind. Tatsächlich kann dieser Aussage jeder zustimmen, der auch nur irgendwo in einem Gesellschaftsbereich den geringsten Anlass für Verbesserungen sieht.

Da hinter der allgemeinen Zustimmung für gesellschaftliche Veränderungen sich sehr unterschiedliche und sogar völlig gegensätzliche Vorstellungen über die Art der angestrebten Veränderungen verbergen können, lässt sich der Befund ohne zusätzliche Information kaum interpretieren. Um herauszufinden, welche konkreten

Zukunftsvorstellungen die Befragten haben, implementierten wir in der Mai-Befragung eine längere Itembatterie, mit der wir die Zustimmung zu verschiedenen möglichen Zukunftsszenarien abfragten. Im November wurde diese Batterie noch einmal eingesetzt, um herauszufinden, ob die angegebenen Zukunftsvorstellungen der Befragten sich als stabil erweisen oder ob sich darin nur der spontane Ausdruck einer momentanen Stimmung geäußert hatte.

Die abgefragten Bereiche möglicher Veränderungen beruhen auf keiner theoretisch hergeleiteten Systematisierung möglicher gesellschaftlicher Entwicklungsmuster. Stattdessen basieren sie einerseits auf den in den Medien stattgefundenen Diskussionen über Reformbedarf (z.B. Finanzierung des Gesundheitssystems, größere Unabhängigkeit von störanfälligen Lieferketten). Zum anderen greifen sie politische Konfliktthemen auf, die bereits vor der Pandemie auf der politischen Tagesordnung standen und durch die Corona-Krisen in den Hintergrund gedrängt worden waren (z. B. Flucht, Umweltschutz) oder gerade auch durch Corona neue Brisanz erhielten (z. B. Digitalisierung).

Auch wenn die abgefragten Items nicht theoretisch hergeleitet sind, so bilden sie doch konzeptionell unterschiedliche Vorstellungen einer wünschenswerten Zukunft ab. Mit einer Faktorenanalyse[21] haben wir drei Grunddimensionen ermittelt, die zu beiden Befragungszeitpunkten weitgehend stabil waren.

Die erste Dimension setzt sich aus sechs Items zusammen. Sie umfasst Forderungen nach einer Verbesserung des gesellschaftlichen Lebens in sozialer und ökologischer Hinsicht verbunden mit einer globalisierungs- und kapitalismusskeptischen Weltsicht. Der Inhalt des Faktors wird mit der Bezeichnung *Sozial-ökologische Erneuerung* umschrieben. Die sechs Aussagen, die zu diesem Faktor gehören und die jeweiligen Antwortmuster finden sich in Tabelle 58.

Die zweite Dimension besteht aus fünf Items. Die hier geforderten Konsequenzen beinhalten keine grundsätzliche Neuorientierung. Stattdessen sollen bestehende Ziele mit mehr Nachdruck verfolgt werden. Der Faktor wird entsprechend als *Wachstum und Fortschritt* bezeichnet. Die fünf Aussagen, die zu diesem Faktor gehören, und die jeweiligen Antwortmuster finden sich in Tabelle 59.

---

[21] Mit einer Faktorenanalyse wird eine Gruppe von Variablen (in diesem Fall 14 gewünschte gesellschaftliche Konsequenzen) gleichzeitig analysiert. Dabei wird statistisch ermittelt, welche Variablen miteinander stark korrelieren und gleichzeitig mit allen anderen Variablen nur schwach korrelieren. In diesem Fall wurden drei Variablengruppen ermittelt, die jeweils als zusammengehörige Konstrukte interpretiert werden, die sich von den anderen unterscheiden. Kennwerte der Hauptkomponentenanalyse Mai: erklärte Varianz = 49%, KMO = .79; Kennwerte der Hauptkomponentenanalyse November: erklärte Varianz = 49%, KMO = .78.

Die dritte Dimension setzt sich aus drei Items zusammen. In zwei davon kommt der Wunsch nach einer gesellschaftlichen Abschottung zum Ausdruck: zum einen von der Europäischen Union und zum anderen von Geflüchteten. Das dritte Item passt inhaltlich nicht unmittelbar zu den anderen beiden Items. Die Forderung, dass es „unter keinen Umständen wieder zu solch massiven Freiheitsbeschränkungen kommen darf" hat auf den ersten Blick nichts mit Abschottung zu tun. Dass diese Aussage trotzdem zusammen mit den anderen beiden Items einen Faktor bildet, dürfte Ausdruck einer politischen Grundhaltung sein, die hier als *populistischer Revisionismus* bezeichnet wird. Die drei Aussagen, die zu diesem Faktor gehören und die jeweiligen Antwortmuster finden sich in Tabelle 60.

Im Folgenden erläutern wir, welche Vorstellungen die Befragten hinsichtlich der einzelnen Dimensionen haben. Der Wunsch nach einer *sozialökologischen Erneuerung* findet insgesamt betrachtet eine breite Zustimmung in der Bevölkerung, wobei die Zustimmung jedoch nicht bei allem Items gleich ausgeprägt ist. So stimmen zwar in beiden Befragungswellen rund 85 Prozent der Forderung nach der Abschaffung von Niedriglöhnen in „systemrelevanten Berufen" zu, aber für ein bedingungsloses Grundeinkommen sind deutlich weniger Menschen zu begeistern. Dennoch findet sich selbst zu dieser Forderung – die deutlich mit den bisher dominierenden ökonomischen Vorstellungen bricht – eine Mehrheit von über 55 Prozent in der Bevölkerung, die diesem Vorhaben zustimmt.

Auch bei den beiden umweltbezogenen Forderungen variiert die Zustimmung. Zwei Drittel der Untersuchungsteilnehmer:innen unterstützt die Forderung, dass „Umweltschutz in der Wirtschaft viel mehr Gewicht bekommt", aber weniger als die Hälfte möchte, dass „der internationale Reiseverkehr deutlich reduziert wird". Bei diesem Item ist aber eine Zunahme von der zweiten zur vierten Befragungswelle zu verzeichnen: Im Mai stimmten knapp 40 Prozent der Aussage zu, im November waren es fast 50 Prozent.

Den Wunsch nach einer geringeren Abhängigkeit Deutschlands vom Weltmarkt äußerten fast zwei Drittel der Befragten. Fast genauso viel Zustimmung erhält die Forderung nach einer staatlichen abgesicherten Gesundheitsversorgung, die gemeinwohlorientiert und nicht gewinnorientiert arbeitet. In beiden Aussagen kommt durchaus eine kapitalismus- und globalisierungsskeptische Haltung zum Ausdruck. Dennoch ist vermutlich nicht davon auszugehen, dass es sich bei denjenigen, die diese Ansichten vertreten, um überzeugte Kapitalismus- und Globalisierungskritiker:innen handelt.

Tabelle 58: Konsequenzen für die Zukunft: Sozial-ökologische Erneuerung

Wie sehen Sie das: Welche Konsequenzen sollten wir aus Corona für die Zukunft ziehen? Welchen der folgenden Ansichten stimmen Sie eher zu, welchen eher nicht?			
Wir in Deutschland sollten uns dafür einsetzen, dass...		**19.-25. Mai**	**4.-10. November**
... es keine Niedriglöhne in „systemrelevanten" Berufen mehr gibt.	% Ablehnung	3,9	4,2
	% teils/teils	12,1	10,4
	% Zustimmung	84,0	85,4
	M (1-5)	4,36	4,36
	n =	1182	780
... ein bedingungsloses Grundeinkommen eingeführt wird.	% Ablehnung	22,5	20,5
	% teils/teils	20,8	21,4
	% Zustimmung	56,7	58,1
	M (1-5)	3,58	3,63
	n =	1152	759
... Umweltschutz in der Wirtschaft viel mehr Gewicht bekommt	% Ablehnung	10,2	10,1
	% teils/teils	22,1	22,3
	% Zustimmung	67,7	67,6
	M (1-5)	3,88	3,95
	n =	1182	784
... der internationale Reiseverkehr deutlich reduziert wird.	% Ablehnung	31,7	27,6
	% teils/teils	29,1	24,1
	% Zustimmung	39,2	48,3
	M (1-5)	3,11	3,35
	n =	1156	779
... die deutsche Wirtschaft weniger abhängig vom Weltmarkt wird.	% Ablehnung	8,2	8,7
	% teils/teils	25,4	25,9
	% Zustimmung	66,4	65,4
	M (1-5)	3,89	3,85
	n =	1144	757
... die Privatisierung von Krankenhäusern und Pflegeheimen rückgängig gemacht wird.	% Ablehnung	9,6	12,6
	% teils/teils	27,9	23,9
	% Zustimmung	62,6	63,5
	M (1-5)	3,86	3,84
	n =	1113	708

Anmerkung: *Ablehnung (1= stimme gar nicht zu/ 2 = stimme eher nicht zu); Zustimmung (4 = stimme eher zu/ 5 = stimme völlig zu)*

Tatsächlich zeigen die Befunde zu den Items des Faktors *Wachstum und Fortschritt* (Tabelle 59), dass der weitaus größte Teil der Bevölkerung offenbar keine grundlegende Abkehr von einer marktwirtschaftlichen, durch Wissenschaft und technischen Fortschritt geprägten Zukunft wünscht. Besonders hohe Zustimmung erzielte die Forderung nach einer besseren finanziellen Ausstattung des Gesundheitssystems und der medizinischen Forschung, aber auch eine bessere Ausstattung des Bildungssektors wird von 80 Prozent der Bevölkerung eingefordert.

Ähnliche Zustimmung erfährt die Forderung nach einer schnelleren Digitalisierung. Sie wurde von über 70 Prozent eindeutig unterstützt und dies zudem mit steigender Tendenz. Während der Pandemie ist zunehmend deutlich geworden, dass nicht nur die Schulen, sondern auch viele Unternehmen und nicht zuletzt auch die Ämter und Verwaltungen erheblichen Nachholbedarf bei der Digitalisierung haben. Diese Einsicht hat sicherlich dazu beigetragen, dass die ohnehin hohe Zustimmung zu dieser Forderung im Laufe des Jahres noch weiter zugenommen hat.

Tabelle 59: Konsequenzen für die Zukunft: Wachstum und Fortschritt

Wie sehen Sie das: Welche Konsequenzen sollten wir aus Corona für die Zukunft ziehen? Welchen der folgenden Ansichten stimmen Sie eher zu, welchen eher nicht?			
Wir in Deutschland sollten uns dafür einsetzen, dass...		**19.-25. Mai**	**4.-10. November**
... die medizinische Forschung in Deutschland mehr gefördert wird	% Ablehnung	2,0	2,1
	% teils/teils	10,7	10,4
	% Zustimmung	87,3	87,6
	M (1-5)	4,35	4,38
	n =	1193	793
... unser Gesundheitssystem finanziell besser ausgestattet wird	% Ablehnung	3,6	2,8
	% teils/teils	15,2	12,2
	% Zustimmung	81,2	85,0
	M (1-5)	4,24	4,32
	n =	1199	784
...die Politik der Ausstattung der Schulen viel höhere Priorität gibt.	% Ablehnung	4,4	3,0
	% teils/teils	15,6	15,7
	% Zustimmung	80,0	81,3
	M (1-5)	4,17	4,22
	n =	1171	782
... die Digitalisierung vorangetrieben wird	% Ablehnung	7,9	5,0
	% teils/teils	20,9	19,0
	% Zustimmung	71,1	76,0
	M (1-5)	3,99	4,11
	n =	1178	789
... der Konsum wieder angekurbelt wird	% Ablehnung	9,4	9,1
	% teils/teils	28,9	29,7
	% Zustimmung	61,7	61,3
	M (1-5)	3,75	3,75
	n =	1188	777

Anmerkung: *Ablehnung (1 = stimme gar nicht zu/ 2 = stimme eher nicht zu); Zustimmung (4 = stimme eher zu/ 5 = stimme völlig zu)*

Die relativ geringste Zustimmung in dieser Dimension erzielte der Vorschlag, dass „der Konsum wieder angekurbelt wird“. Allerdings zeigt dieser Befund keinesfalls eine Abkehr von der Konsumorientierung, denn die Zustimmung fällt nur in Relation geringer aus. Weiterhin halten über 60 Prozent der Untersuchungsteilnehmer:innen die Ankurbelung des Konsums für eine adäquate Antwort auf die multiple Krise. Die weitaus meisten erkennen somit offenbar keinen ursächlichen Zusammenhang zwischen der Konsumorientierung der Gesellschaft und der Ausbreitung der Pandemie.

Im Vergleich zu den Aussagen der beiden zuvor präsentierten Dimensionen einer wünschenswerten Zukunft finden die Items des *populistischen Revisionismus* die geringste Zustimmung. Zwar wird auch die Forderung nach einer geringeren Aufnahme von Flüchtlingen von den Befragten mehrheitlich unterstützt, aber die Unterstützung dieser Aussage ist deutlich geringer, als die Zustimmung zu fast allen anderen vorgeschlagenen Konsequenzen. Auf der anderen Seite ist sie dennoch irritierend hoch, da es schwerfällt, überhaupt einen plausiblen inhaltlichen Zusammenhang zwischen der Pandemie und der Forderung nach einer verringerten Aufnahme von Flüchtlingen herzustellen.

Tabelle 60: Konsequenzen für die Zukunft: Populistischer Revisionismus

Wie sehen Sie das: Welche Konsequenzen sollten wir aus Corona für die Zukunft ziehen? Welchen der folgenden Ansichten stimmen Sie eher zu, welchen eher nicht?			
Wir in Deutschland sollten uns dafür einsetzen, dass…		**19.-25. Mai**	**4.-10. November**
… weniger Flüchtlinge aufgenommen werden.	% Ablehnung	28,9	28,0
	% teils/teils	21,3	18,9
	% Zustimmung	49,8	53,1
	M (1-5)	3,40	3,49
	n =	1187	779
… es unter keinen Umständen wieder zu solch massiven Freiheitsbeschränkungen kommen darf.	% Ablehnung	33,4	33,7
	% teils/teils	29,7	26,6
	% Zustimmung	36,9	39,6
	M (1-5)	3,09	3,14
	n =	1155	762
… Deutschland möglichst schnell aus der EU austritt	% Ablehnung	67,2	69,8
	% teils/teils	12,5	13,0
	% Zustimmung	20,3	17,3
	M (1-5)	2,14	2,04
	n =	1124	721

Anmerkung: *Ablehnung (1 = stimme gar nicht zu/ 2 = stimme eher nicht zu); Zustimmung (4 = stimme eher zu/ 5 = stimme völlig zu)*

Die Haltung zu der Aussage, dass „es unter keinen Umständen wieder zu solch massiven Freiheitsbeschränkungen kommen darf“, ist in der Bevölkerung sehr uneinheitlich. Der Anteil der Unterstützer:innen und der Gegner:innen dieser Forderung ist nahezu gleich.

Im Unterschied zu den beiden zuvor genannten Aussagen wird ein EU-Austritt von einer klaren Mehrheit abgelehnt (Tabelle 60). Zudem hat die Zustimmung zu dieser Forderung im November noch weiter nachgelassen, während die Unterstützung der anderen beiden Aussagen etwas angestiegen ist.

Die EU-freundliche Haltung der meisten Bürger:innen zeigt sich auch bei den Antworten auf eine andere Frage. Die EU wird durchgängig von einer großen Mehrheit der Befragten als der geeignete Rahmen gesehen, um die Herausforderung zu bewältigen: Zwischen 64 und 74 Prozent der Bürger:innen sprechen sich für eine solidarische Bewältigung der Krise durch die Europäische Union aus (Tabelle 61). Besonders hoch waren die Zustimmungswerte in den Sommermonaten. Mit dem Ausbruch der zweiten Infektionswelle ging die Unterstützung wieder etwas zurück.

Tabelle 61: Europäische Solidarität

Bitte kreuzen Sie an, wie sehr Sie den folgenden Aussage zustimmen oder nicht zustimmen.		**16.-20. April**	**19.-25. Mai**	**21.-28. Juli**	**4.-10. November**
Die Länder der EU sollten die durch Corona entstehenden wirtschaftlichen Lasten gemeinsam tragen.	% Zustimmung	68,4	64,6	74,1	68,0
	M (Skala: 1-4)	2,81	2,76	2,94	2,82
	n =	1300	1082	8923	711

Anmerkung: *Ablehnung (1 = stimme gar nicht zu/ 2 = stimme eher nicht zu); Zustimmung (3 = stimme eher zu/ 4 = stimme völlig zu)*

Es ist durchaus fraglich, ob die hier dokumentierten Veränderungswünsche Ausdruck einer „neuen Nachdenklichkeit“ sind, die durch die Krisen ausgelöst wurde, oder ob sie letztendlich nur das generelle Weltbild der Befragten wiedergeben: „Ökologie oder Kapitalismus, mehr Europa oder mehr Digitalisierung: Corona bestätigt jeden in dem, was ihm vorher schon das Liebste war“[22]. Die ideologische Konsistenz (nachgewiesen durch die Faktorenanalyse) aber auch die hohe Stabilität der Antworten zwischen den beiden Befragungswellen sprechen tendenziell dafür, dass es sich um relativ verfestigte Einstellungsmuster handelt, die sich nicht erst spontan unter dem Eindruck der Krise gebildet haben. Anderseits stellt sich bei einigen sehr hohen Zustimmungsraten zu politischen Forderungen, z.B. im Gesundheits- und Sozialbereich, schon die Frage, ob solche Werte auch in „Normalzeiten“ in dieser Höhe erzielt worden wären. Auch der Zuwachs von knapp 40 auf fast 50 Prozent der Personen, die für eine Reduzierung des internationalen Reiseverkehrs eintreten, lässt sich ohne den Einfluss der Pandemie-Erfahrung kaum erklären.

[22] Roß, J. (2021, Februar 12). In der Krise hilft immer… Ökologie oder Kapitalismus, mehr Europa oder mehr Digitalisierung: Corona bestätigt jeden in dem, was ihm vorher schon das Liebste war. *Zeit Online.* https://www.zeit.de/2021/07/ideologie-corona-krise-kapitalismus-oekologie-digitalisierung? (zuletzt abgerufen am 17.04.2021)

8 Zusammenfassung und Resümee

Realität und Medienrealität

Kommunikation kann Kitt sein, der die Gesellschaft zusammenhält. Sie kann aber auch wie Sprengstoff wirken, der die Gesellschaft auseinanderreißt. Gerade in Krisenzeiten ist die Frage, in welche Richtung öffentliche Kommunikation wirkt, von besonderer Bedeutung. Vor diesem Hintergrund beschäftigten wir uns in diesem Buch mit der Wahrnehmung und Beurteilung der mit der Corona-Pandemie verbundenen gesundheitlichen, wirtschaftlichen, sozialen und politische Krise durch die deutschen Bürgerinnen und Bürger im Jahr 2020. Dazu untersuchten wir, wie sich die Menschen über Corona informieren und welche Vorstellungen sie durch ihre eigenen Erfahrungen und den medial vermittelten Eindrücken von den Krisen entwickelt haben. Zudem analysierten wir, wie sich Informationsverhalten und Vorstellungen im Laufe des Jahres 2020 verändert haben und welche Konsequenzen dies für ihre themenbezogenen politischen Einstellungen hat. Damit adressieren wir eine der zentralen Fragen der Kommunikationswissenschaft, die sich auf das Verhältnis von Medien(realität) und Realität bezieht und in diesem Kontext die Bedeutung der verschiedenen direkten und medial vermittelten Erfahrungen für die Entstehung von Realitätsvorstellungen hinterfragt.

Zu diesem Zweck haben wir im Jahr 2020 eine vierwellige Panelbefragung durchgeführt. Deren Auswertung steht im Mittelpunkt dieses Buches. Ergänzend wurden einige quantitative Indikatoren zur gesundheitsbezogenen und ökonomischen Entwicklung, eine knappe Chronologie der Ereignisse sowie ein Überblick über die Entwicklung der medialen Berichterstattung über Corona zusammengestellt. Diese Daten dienen vor allem dazu, den Kontext zu verdeutlichen, in dem sich die Vorstellungen der Bürger:innen von der multiplen Krise entwickelt haben und mögliche Erklärungen dafür zu identifizieren.

Darüber hinaus lassen sich auf der Grundlage unserer Daten einige Aussagen zum Verhältnis von Realität und Medienrealität treffen: Zum einen wurde deutlich, dass der Umfang der Berichterstattung über Corona kein zuverlässiger Indikator für die Größe des Problems ist. So waren beispielsweise die Fallzahlen der Neuinfektionen im Herbst deutlich höher als im Frühjahr, die Berichterstattung aber wesentlich geringer. Auch in anderen Kontexten wurde bereits gezeigt, dass Medien nicht auf die Größe der Probleme, sondern vor allem auf die Intensität der politischen Thematisierung reagieren (Funkhouser, 1973; Kepplinger, 1989; Schmidt et al., 2013). Weitgehend themenunabhängig existieren zudem typische Zyklen der medialen Aufmerksamkeit, die sich auch beim Thema Corona nachweisen lassen. Diese Zyklen sind ein weiterer

Hinweis dafür, dass die Berichterstattung sich nicht primär an der Ereignislage orientiert (Downs, 1972; Kolb, 2005). Es spricht einiges dafür, dass diese Zyklen für die gesellschaftliche Kommunikation durchaus funktional sind. Zwar ist die Intensität der Berichterstattung wichtig, um die Aufmerksamkeit der Menschen zu erreichen, doch dabei handelt es sich nicht um einen linearen Prozess, der sich beliebig steigern lässt. Folglich ist ein wellenförmiges Ansteigen und Abklingen der Berichterstattung eine Voraussetzung dafür, dass die Probleme die notwendige gesellschaftliche Aufmerksamkeit erhalten und sich negative Effekte wie Themenverdrossenheit und Themenvermeidung verhindern lassen.

Wie werden Medien in der Krise genutzt? Mit welcher Motivation werden sie rezipiert und mit welchen Schwierigkeiten sind die Nutzerinnen und Nutzer dabei konfrontiert?

Grundsätzlich zeigt sich recht deutlich, dass der Umfang der Mediennutzung in der Krise mit dem Umfang des Informationsangebots über die Krise zusammenhängt. Im Umfeld der ersten Befragung war die themenbezogene Berichterstattung sehr umfangreich. Danach wurde sie deutlich geringer und erst im November war wieder ein Anstieg zu verzeichnen. Parallel dazu verlief die themenbezogene Informationsnutzung der Bürgerinnen und Bürger: Sie war am Anfang am höchsten und ließ dann nach. Im November, als sich die zweite Welle der Pandemie und damit auch die zweite Welle der Berichterstattung aufbauten, stieg sie wieder etwas an. Sowohl die eher angebotsgetriebene Nutzung der publizistischen Medien als auch die von den Rezipienten initiierte aktive Nutzung von Onlinequellen folgten der Intensität der medialen Thematisierung. Eine aktive Vermeidung des Themas trat weniger in den Phasen der besonders intensiven Berichterstattung auf, sondern verstärkt in jenen Phasen, in denen zwar weniger, aber immer noch sehr intensiv berichtet wurde. Dies ist ein weiterer Hinweis dafür, dass Aufmerksamkeitszyklen in der Berichterstattung für die gesellschaftliche Debatte insgesamt funktional sind.

Bei der Analyse der Motivation die Corona-Berichterstattung zu verfolgen, stellt man fest, dass bei einigen Motiven ebenfalls ein Absinken und Ansteigen zu beobachten ist, während andere Motive kontinuierlich schwächer werden und wieder andere sich auf eher niedrigem Niveau kaum verändern: Motive, die zeigen, dass Rezipienten den Überblick über das aktuelle Geschehen behalten möchten, kovariieren mit der Ernsthaftigkeit der Lage und der Intensität der Berichterstattung. Bedürfnisse nach Orientierung und sozialem Vergleich sinken hingegen. Ein ähnliches Phänomen ist beim eigenen Kompetenzerleben festzustellen. Der Anteil derjenigen, die es herausfordernd und schwierig fanden, sich im Informationsdickicht zurecht zu finden, war am Anfang der Pandemie höher als am Ende des Untersuchungszeitraums. Somit zeigen auch die

Entwicklung von Motiven und wahrgenommenen Anforderungen, dass es für die gesellschaftliche Kommunikation durchaus funktional ist, wenn sich die Berichterstattung nicht allein an den Entwicklungen in der Realität, sondern auch an den Motiven und Erwartungen der Rezipienten orientiert. Es wurde deutlich, dass manche Motive und Informationsbedürfnisse mit der Zeit an Bedeutung verlieren, weitgehend unabhängig davon, wie sich die reale Situation weiterentwickelt. Damit schwindet auch der Bedarf der Rezipienten an bestimmten Medienangeboten. Obwohl die Debatte um die richtigen Antworten auf die multiple Krise mit der Zeit immer komplexer wurde, sank der Bedarf der Menschen nach Orientierung und der Wunsch, unterschiedliche Meinungen kennen zu lernen, wurde geringer.

Wie wird die Krise erlebt?

Da es sich bei Corona um eine multiple Krise handelt und ihr Erleben viele Facetten hat, ist die Antwort auf diese kurze Frage komplex und vielschichtig. Zum Zeitpunkt der Untersuchung war die Corona-Gesundheitskrise für die meisten Menschen kaum direkt erfahrbar. Selbst im Herbst 2020 kannten die meisten Befragten niemanden in ihrem persönlichen Umfeld, der an Corona erkrankt war. Bei den Folgekrisen fällt die direkte Betroffenheit der Befragten hingegen sehr unterschiedlich aus. Unter negativen ökonomischen Folgen mussten beispielsweise ebenfalls nur relativ wenige leiden: Fast drei Viertel der Befragten erlebten keine Veränderung oder sogar eine Verbesserung ihrer wirtschaftlichen Lage. Über soziale Folgen hingegen, beispielsweise eine angespanntere Situation im Haushalt, berichtete fast die Hälfte der Menschen. Die Wahrnehmung der politischen Krise, die ihren Ausdruck vor allem in den wahrgenommenen Grundrechtseinschränkungen findet, verändert sich im Zeitverlauf. Während diese im ersten Lockdown fast von einem Drittel als gravierend erlebt wurde, sank der Anteil in Folge deutlich. Erst im zweiten Lockdown-(Light) stieg der Anteil derjenigen, die sich durch die Maßnahmen in ihren Grundrechten eingeschränkt fühlten, wieder etwas an.

Obwohl die gesundheitliche Krise für die meisten in ihrer Nahwelt nicht präsent war, wurde sie trotzdem von sehr vielen als Gefahr für sich und vor allem für andere wahrgenommen. Dies zeigte sich recht deutlich in dem weit verbreiteten Gefühl von Angst und vor allem in der Sorge um andere Menschen. In ökonomischer Hinsicht wurde die Krise nur von wenigen als existenzielle Bedrohung für sich selbst erlebt, während die negativen wirtschaftlichen Auswirkungen auf andere aber durchaus wahrgenommen wurden.

Das Erleben der Krise im Spannungsfeld zwischen eigenen Erfahrungen und Medienrealität

Es lässt sich vermuten, dass diese in sich widersprüchlich wirkenden Beobachtungen, Wahrnehmungen und Emotionen ein Ergebnis von Kommunikation und vor allem von medienvermittelter Kommunikation sind. Wenn beispielsweise Medienberichte aus Intensivstationen und Altenheimen zeigen, dass vor allem ältere Menschen bedroht sind, dann ist nahliegend, dass Menschen diese Berichte auch auf ihre Nahwelt beziehen. Und tatsächlich zeigt sich, dass die Wahrnehmung der eigenen Gefährdung mit zunehmenden Alter steigt, während die Wahrnehmung der Bedrohung anderer unabhängig vom Alter der Befragten ist. Auch der Befund, dass die Intensivnutzer der verschiedenen Medien über Corona die Dramatik der Krise in der Nahwelt als gravierender einschätzen als die Wenig- und Nichtnutzer, unterstützt die These, dass das Erleben in der Nahwelt ganz maßgeblich davon geprägt ist, was die Menschen durch die Medien über die Welt erfahren: Von der dargestellten Medienrealität wird auf die eigene Realität geschlossen.

Die Medienberichterstattung während der Corona-Krisen spielt ganz offensichtlich eine große Rolle bei der Wirklichkeitskonstruktion der Menschen. Das zeigt sich auch daran, dass die Bürger:innen die Inhalte der Medien aufmerksam verfolgen und ziemlich genau angeben können, welche Themenaspekte in welchem Umfang von den Medien aufgegriffen werden In der Verteilung der Antworten spiegelt sich zudem recht zuverlässig die zeitliche Dynamik der tatsächlichen Entwicklung. Je nachdem, ob die Medien einen Aspekt mehr oder weniger in der Berichterstattung berücksichtigten, veränderte sich auch die Wahrnehmung der Berichterstattungsintensität bei den Rezipient:innen.

Die thematische Schwerpunktsetzung der Medien entspricht den Vorstellungen der meisten Bürger:innen. Bei einigen Themenaspekten ist jedoch eine Mehrheit der Ansicht, dass ihnen zu viel (z.B. Proteste gegen die Coronamaßnahmen) oder zu wenig (z.B. Folgen für sozial schwächere Menschen) Beachtung geschenkt wird. Darin zeigt sich, dass sich die Bürgerinnen und Bürger mit der Agenda der Medien durchaus kritisch auseinandersetzen. Nicht immer sind sie damit einverstanden, was die Medien in ihrer Berichterstattung in den Mittelpunkt stellen: Sie kritisieren die Medien, wenn diese in größerem Umfang über ein Problem berichten, als es die Menschen selbst wahrnehmen. Zugleich kommt es aber auch vor, dass die Rezipienten einzelnen Themenaspekten eine große Wichtigkeit zumessen, obwohl die meisten den Eindruck haben, dass sie in der Berichterstattung wenig Beachtung finden. Genau diese Konstellation führt dann dazu, dass die Vernachlässigung eines Themenaspekts kritisiert wird. Das war vor allem hinsichtlich der sozialen Krisen-Dimension der Fall.

Doch auch wenn an einigen Stellen Kritik an der Corona-Berichterstattung deutlich wird, so sind die Menschen insgesamt mit der Art und Weise, wie die Medien sie im Jahr 2020 durch die Krisen begleitet haben, zufrieden. Sie haben großes Vertrauen in die Berichterstattung und die Mehrheit bekundet keine übermäßige Themenverdrossenheit, obwohl das Thema die Medienagenda das ganz Jahr über dominierte. Deutlich kritisiert wurde jedoch von vielen Befragten, dass dem Thema Corona insgesamt zu viel Beachtung geschenkt wurde und andere wichtige Themen dadurch zu kurz gekommen sind.

Auch andere Befunde zeigen, dass die direkten Erfahrungen in der Nahwelt den Medieneinfluss modifizieren können. Bei verschiedenen Indikatoren konnten wir feststellen, dass die Antworten auf ähnliche Fragen sich deutlich unterschieden, je nachdem ob sie sich auf die Nahwelt oder die Fernwelt beziehen, während bei anderen Indikatoren kaum Unterschiede festzustellen waren. So waren die wahrgenommenen Grundrechtseinschränkungen auf nationaler Ebene deutlich stärker ausgeprägt als im Nahbereich. Die Angst vor der eigenen Ansteckung hingegen war deutlich geringer als die Angst davor, dass sich viele Menschen in Deutschland anstecken. Zudem zeigte sich an diesem Beispiel auch, dass sich die eigenen emotionalen Reaktionen im Zeitverlauf vom wahrgenommenen Medienbild entkoppelten. Obwohl die Menschen im Herbst den Eindruck hatten, dass die Äußerung von Angst in den Medien kaum anstieg, nahm ihre Angst um die Gesundheit der Mitmenschen und vor allem um die eigene Gesundheit deutlich zu.

Die Hoffnung, dass Corona bald kein Problem mehr sein würde, unterschied sich hingegen kaum zwischen Nah- und Fernwelt. Diese Hoffnung wurde zwar im Laufe des Jahres immer geringer, aber insgesamt hatten die meisten Menschen sowohl mit Blick auf ihr Leben als auch auf das Leben der anderen eine optimistische Erwartung. Nach Einschätzung der Rezipienten wurde auch von den Medienakteuren diese hoffnungsvolle Sicht im Zeitverlauf immer seltener zum Ausdruck gebracht. Diese nachlassende Hoffnung wirkte sich am Ende des Untersuchungszeitraums vor allem darauf aus, dass die Hoffnungen für das Land weniger optimistisch waren. Die eigenen Hoffnungen wurden davon weniger getrübt. Zusammenfassend lässt sich festhalten, dass in den Medien beobachtete Emotionen offenbar nicht unbedingt dazu führen, dass sie von den Rezipienten nachempfunden werden.

Welche politischen Meinungen bilden sich Menschen über das Krisenmanagement und über die Regierung und wie partizipieren sie politisch? Wie beurteilen die Menschen die deutsche Corona-Politik im internationalen Vergleich? Welche Konsequenzen sollen aus der Krise gezogen werden?

Insgesamt beurteilen die Bürgerinnen und Bürger das Krisenmanagement der Bundesregierung positiv. Das hat sicherlich auch damit zu tun, dass die meisten Menschen den Eindruck hatten, dass Deutschland im internationalen Vergleich in fast allen Bereichen recht gut durch die Krise gekommen ist. Nur hinsichtlich der Einschränkungen der Freiheitsrechte werden Eingriffe konstatiert, die über die Maßnahmen anderer hinausgehen. Diese Einschränkungen werden aber nicht unbedingt negativ beurteilt. Sie werden von den weitaus meisten als notwendige Maßnahmen angesehen, um die Pandemie in den Griff zu bekommen. Auch die Neuverschuldung, die durch die Finanzierung von Maßnahmen gegen die Pandemie entstanden ist, wird von der Mehrheit der Bürger:innen akzeptiert, auch wenn diesbezüglich eine zunehmende Skepsis festzustellen ist. Der einzige Punkt, bei dem das Urteil der Bürgerinnen und Bürger fortwährend negativ ausfällt, ist der Schutz der sozial Schwächeren. Das ist durchaus bemerkenswert, denn im internationalen Vergleich wurde Deutschland auch in dieser Hinsicht kein schlechtes Zeugnis ausgestellt.

Mit Blick auf die Rolle der Medien in der multiplen Corona-Krise ist festzuhalten, dass das von der Bevölkerung in den Medien wahrgenommene Stimmungsbild zu den verschiedenen Maßnahmen der Corona-Politik tendenziell eher negativer war als die Stimmungslage in der Bevölkerung selbst. Nur die Kritik am unzureichenden Schutz der sozial Schwächeren war nach Einschätzung der Befragten in den Medien schwächer ausgeprägt. Insgesamt beurteilen die Bürger:innen die Corona-Maßnahmen also positiv und dies, obwohl die Medien in der Wahrnehmung der Befragten häufig kritische Stimmen zu Wort kommen ließen.

Da die Einzelmaßnahmen überwiegend positiv beurteilt wurden, war auch das Gesamturteil über die Leistungen der Regierung in der Corona-Krise eher positiv. Erst im Herbst trübte sich das Urteil deutlich ein. Anzumerken ist aber, dass die positive Leistungsbeurteilung und die wahrgenommene Responsivität der Regierung im scharfen Kontrast zur wahrgenommenen Einflussüberzeugung der Bürgerinnen und Bürger steht: Sie empfinden sich als machtlos und trotzdem unterstützen sie die Regierungspolitik weitgehend.

Diese Unterstützung ist sicher auch darauf zurückzuführen, dass es während der ganzen Zeit kein plausibles politisches Alternativangebot gab. Abgesehen von der AfD, die in Corona eine weitere Gelegenheit erblickte, das demokratische Gemeinwesen zu schwächen, formulierten die anderen Oppositionsparteien eher Detail- als Grundsatzkritik am Vorgehen der Regierung. Einen anschlussfähigen politischen Gegenentwurf gab es nicht. Das zeigt sich zum Beispiel daran, dass die Proteste gegen die Corona-Politik nur von wenigen als gerechtfertigt bezeichnet werden. Ein anderer Indikator hierfür ist, dass die von den Gegnern der Corona-Politik verbreiteten Verschwörungstheorien von den meisten Menschen abgelehnt und als potentiell gefährlich für die Demokratie und gesellschaftsspaltend bezeichnet werden. Schließlich finden auch andere Gegenentwürfe zur Pandemiebekämpfung, wie sie von autoritären Staaten verfolgt werden, in der Bevölkerung keine nennenswerte Unterstützung.

Das Zusammenrücken großer Teile der Bevölkerung hinter der Regierung kann zudem auch damit zuhängen, dass die Bevölkerung ein zunehmendes Auseinanderdriften der Gesellschaft beobachtete, das den Zusammenhalt schwächt und das Land zu spalten droht. Der Wunsch, sich dieser Entwicklung entgegenzustellen, kann auch dazu beigetragen haben, dass Einschränkungen hingenommen wurden, die ansonsten auf weniger Toleranz gestoßen wären.

Die politischen Einstellungen der Bürger:innen wirken sich auch auf ihr kommunikatives Verhalten und die politische Partizipation aus. Etablierte Formen der politischen Partizipation wie die Teilnahme an Protesten, Unterschriftenaktionen oder die Kontaktaufnahme zu Politiker:innen spielten in keiner Phase der Pandemie eine nennenswerte Rolle. Das kann sowohl Folge als auch Ursache der wahrgenommenen Einflusslosigkeit der Bürgerinnen und Bürger sein. Es kann aber auch Ausdruck der Tatsache sein, dass es kein akzeptables alternatives Politikangebot gab, das man hätte unterstützen können. Die einzige kommunikative Partizipationsform, die von einer deutlichen Mehrheit zumindest einmal ausgeübt wurde, war ein Akt der (politischen) Unterstützung. Fast zwei Drittel der Bürger gaben an, in den jeweils zurückliegenden vier Wochen mindestens einmal Mitmenschen gebeten zu haben „die Hygiene-Regeln einzuhalten". Mit deutlichen Abstand folgte dann eine Form der Beteiligung, die man eigentlich eher als Widerstandsform aus autoritär regierten Ländern kennt: der Humor. Im Durchschnitt der vier Befragungswellen gibt jeder vierte Befragte an, mindestens einmal einen humoristischen Inhalt zum Thema Corona über das Internet verbreitet zu haben. Humoristische Inhalte wurden sogar häufiger weiterverbreitet, als Informationen zum Thema. Insgesamt zeigt sich wohl auch darin, dass die meisten Bürgerinnen und Bürger den Ereignissen der Pandemie relativ ratlos gegenüberstanden und deswegen versuchten, mit Hilfe von Humor mit den eigenen Sorgen und Bedenken fertig zu werden.

Insgesamt hat die Gesellschaft in Deutschland während des ersten Krisenjahres weitgehend zusammengehalten. An anderer Stellen (Wolling et al., 2020) konnten wir zwar nachweisen, dass es schon frühzeitig eine Gruppe von kritisch eingestellten Menschen gab, die der Corona-Politik der Regierung skeptisch gegenübersteht, sie bildet aber eine Minderheit. Weder die journalistischen Medienangebote, noch jene Quellen, deren Botschaften keine journalistischen Prüfroutinen durchlaufen, haben sich als Sprengstoff für die Gesellschaft erwiesen. Den Medien wird insgesamt großes Vertrauen entgegengebracht, auch wenn ihre inhaltliche Themensetzung nicht immer auf Zustimmung trifft. Es zeigt sich sogar, dass sehr viele Menschen sich wünschen, dass Beiträgen weniger Raum gegeben wird, die den Anschein erwecken könnten, dass die Demokratie in Deutschland nicht akzeptabel funktioniert. Auch dies lässt sich als ein grundsätzliches Vertrauen in das Mediensystem und die Demokratie unseres Landes betrachten.

Letztendlich finden wir dieses Bild einer Gesellschaft, die sich durch die Zumutungen der Pandemie nicht auseinanderdividieren lässt, auch in einem anderen Zusammenhang bestätigt: Die Antworten der Befragten auf unsere Fragen zu den gewünschten gesellschaftlichen Konsequenzen, die aus der Corona-Krise gezogen werden sollten, verdichten diesen Eindruck. Die multiple Corona-Krise hat an verschiedenen Stellen deutlich gemacht, dass manche Entwicklungen der letzten Jahrzehnte und in manchen Fällen sogar die der letzten Jahrhunderte korrigiert werden müssen. Das wird auch von der großen Mehrheit der Menschen so gesehen. Es gibt ein großes Einvernehmen darüber, dass die Corona-Krise für gesellschaftliche Veränderungen genutzt werden sollte. Wie diese Veränderungen aussehen sollten, ist zumindest in Teilen weitgehend konsensfähig: Die größte Zustimmung findet eine Politik, die darauf setzt unser Leben in einer modernen, entwickelten Gesellschaft zu verbessern. Bessere Ausstattung des Bildungs- und Gesundheitssystems, schnelles Internet und (mit Abstrichen) eine Ankurbelung des Konsums gehören dazu. Fast gleichauf mit dieser Zukunftsvision ist auch die Zustimmung zu einer Politik der sozialökologischen Erneuerung: Mehr soziale Gerechtigkeit, mehr Umweltschutz und klare Grenzen für einen ungezügelten Markt sind die zentralen Komponenten dieses Zukunftsbildes.

Im Vergleich zu den hohen Zustimmungsraten, die die ersten beiden Entwicklungspfade generieren konnten, hat eine Politik, die man als populistischen Revisionismus bezeichnen kann, deutlich weniger Anhänger. Eine Politik der Abschottung und die ideologisch motivierte Überbetonung individueller Rechte gegenüber kollektiver Verantwortung sind in Deutschland nicht mehrheitsfähig. Grundsätzlich hat die Corona-Pandemie das Potential einen gesellschaftlichen Aufbruch anzustoßen, der dazu beitragen könnte, gesellschaftliche Verkrustungen aufzubrechen.

Trotz der multiplen Krise – und das ist vielleicht das Überraschendste von allem – kann man ein positives Zwischenfazit ziehen. Im Jahr 2020 haben sich sowohl das mediale

Kommunikationssystem als auch die Gesellschaft als widerstandfähig erwiesen. Der Kitt hat an der einen oder anderen Stelle angefangen zu bröckeln, aber vorerst hat er gehalten. Probleme zeigten sich vor allem hinsichtlich der sozialen Krise: Eine große Mehrheit der Bevölkerung sieht einerseits gravierende Konsequenzen der Pandemie für sozial Schwächere und kritisiert andererseits die Medien dafür, zu wenig darüber zu berichten, und die Politik, hier zu wenig zu tun.

Aber wir sehen in der Bevölkerung auch eine gewisse Aufbruchsstimmung und den Wunsch, die Krise positiv zu nutzen. Wohin dabei die Richtung gehen soll, ist aber strittig, weil es eine etwa gleich große Zustimmung für eine grundlegende Erneuerung der Gesellschaft bzw. eine modernisierte Wiederherstellung der vorpandemischen Verhältnisse gibt.

9 Literaturverzeichnis

Arlt, D., Schumann, C., & Wolling, J. (2020). Upset with the refugee policy: Exploring the relations between policy malaise, media use, trust in news media, and issue fatigue. *Communications*, *45*(s1), 624–647. https://doi.org/10.1515/commun-2019-0110

Ball-Rokeach, S. J., & DeFleur, M. L. (1976). A dependency model of mass-media effects. *Communication Research*, *3*(1), 3–21. https://doi.org/10.1177/009365027600300101

Brosius, H.-B., & Kepplinger, H. M. (1995). Killer and victim issues: Issue competition in the agenda-setting process of German television. *International Journal of Public Opinion Research*, *7*(3), 211–231. https://doi.org/10.1093/ijpor/7.3.211

Carretero, S., Vuorikari, R., & Punie, Y. (2017). *DigComp 2.1: The Digital Competence Framework for Citizens with eight proficiency levels and examples of use*. Publications Office of the European Union. https://doi.org/10.2760/38842

Dahrendorf, R. (2003). *Die Krisen der Demokratie: Ein Gespräch mit Antonio Polito*. Beck.

Downs, A. (1972). Up and down with ecology: The 'issue-attention cycle'. *The Public Interest, 28*, 38–50.

Emmer, M., Vowe, G., & Wolling, J. (2011). *Bürger online: Die Entwicklung der politischen Online-Kommunikation in Deutschland.* UVK.

Festinger, L. (1954). A theory of social comparison processes. *Human Relations, 7*(2), 117–140. https://doi.org/10.1177/001872675400700202

Festinger, L. (1957). *A theory of cognitive dissonance*. Evanston.

Funkhouser, G. R. (1973). The issues of the sixties: An exploratory study in the dynamics of public opinion. *Public Opinion Quarterly*, *37*, 62–75.

Geiß, S. (2011). Patterns of relationships between issues: An analysis of German prestige newspapers. *International Journal of Public Opinion Research*, *23*(3), 265–286. https://doi.org/10.1093/ijpor/edq050

Gouveia, S. O., & Clarke, V. (2001). Optimistic bias for negative and positive events. *Health Education*, *101*(5), 228–234. https://doi.org/10.1108/09654280110402080

Heath, R. L., & O'Hair H. D. (2010). Exploring the reach of crisis and risk communication. In R. L. Heath & H. D. O'Hair (Hrsg.), *Handbook of risk and crisis communication* (S. 1–3). Routledge. https://doi.org/10.4324/9780203891629

Hobbs, R. (2010). *Digital and media literacy: A plan of action*. The Aspen Institute. http://mediaeducationlab.com/digital-and-media-literacy-plan-action

Katz, E., Blumler, J. G., & Gurevitch, M. (1974). Utilization of mass communication by the individual. In J. G. Blumler & E. Katz (Hrsg.), *The uses of mass communications: Current perspectives on gratifications research* (S. 19–32). Sage.

Kepplinger, H. M. (1989). *Künstliche Horizonte. Folgen, Darstellung und Akzeptanz von Technik in der Bundesrepublik*. Campus.

Kolb, S. (2005). *Mediale Thematisierung in Zyklen. Theoretischer Entwurf und empirische Anwendung*. Halem.

Kuhlmann, C. (2016). *Kommunikation als Weltbezug*. Halem.

Kuhlmann, C. (2018). Kommunikation und andere Weltbezüge: Zur Wiederbelebung eines Paradigmas. *Publizistik, 63*(1), 29–51. https://doi.org/10.1007/s11616-017-0401-1

Kuhlmann, C., Schumann, C., & Wolling, J. (2014). „Ich will davon nichts mehr sehen und hören!" Exploration des Phänomens Themenverdrossenheit. *Medien & Kommunikationswissenschaft, 62*(1), 5–24. https://doi.org/10.5771/1615-634x-2014-1-5

Luhmann, N. (1995). *Die Realität der Massenmedien*. Springer.

Perloff, R. M. (2015). A three-decade retrospective on the hostile media effect. *Mass Communication and Society, 18*(6), 701–729. https://doi.org/10.1080/15205436.2015.1051234

Schmidt, A., Ivanova, A., & Schäfer, M. S. (2013). Media attention for climate change around the world: A comparative analysis of newspaper coverage in 27 countries. *Global Environmental Change, 23*(5), 1233–1248. https://doi.org/10.1016/j.gloenvcha.2013.07.020

Schneider, S. K., & Jordan, M. P. (2016). Political science research on crises and crisis communications. In A. Schwarz, M. W. Seeger, & C. Auer (Hrsg.), *The Handbook of International Crisis Communication Research* (S. 11–23). Wiley Blackwell. https://doi.org/10.1002/9781118516812.ch2

Sundar, S. S., & Limperos, A. M. (2013). Uses and grats 2.0: New gratifications for new media. *Journal of Broadcasting & Electronic Media, 57*(4), 504–525. https://doi.org/10.1080/08838151.2013.845827

Tsfati, Y. (2003). Does audience skepticism of the media matter in agenda setting? *Journal of Broadcasting & Electronic Media, 47*(2), 157–176. https://doi.org/10.1207/s15506878jobem4702_1

Vallone, R. P., Ross, L., & Lepper, M. R. (1985). The hostile media phenomenon: Biased perception and perceptions of media bias in coverage of the Beirut massacre. *Journal of Personality and Social Psychology, 49*(3), 577–585. https://doi.org/10.1037/0022-3514.49.3.577

Wolling, J. (2016). Environmental crises and the public: Media audiences in the context of environmental and natural threats and disasters. In A. Schwarz, M. W. Seeger, & C. Auer (Hrsg.), *The Handbook of International Crisis Communication Research* (S. 236–247). Wiley Blackwell. https://doi.org/10.1002/9781118516812.ch22

Wolling, J., Schumann, C. & Arlt, D. (2020). Vier Corona-Welten – Divergierende Vorstellungen von einer multiplen Krise und die Rolle der Medien. Eine Typologie auf Grundlage der Weltbezugs-Theorie. *Media Perspektiven, 10/11*, 578–590.

Zillmann, D., & Bryant, J. (1985). Affect, mood, and emotion as determinants of selective exposure. In D. Zillmann & J. Bryant (Hrsg.), *Selective exposure to communication* (S. 157–190). Hillsdale.